# Le masochisme

## Logiques Sociales
*Collection dirigée par Bruno Péquignot*

En réunissant des chercheurs, des praticiens et des essayistes, même si la dominante reste universitaire, la collection *Logiques Sociales* entend favoriser les liens entre la recherche non finalisée et l'action sociale. En laissant toute liberté théorique aux auteurs, elle cherche à promouvoir les recherches qui partent d'un terrain, d'une enquête ou d'une expérience qui augmentent la connaissance empirique des phénomènes sociaux ou qui proposent une innovation méthodologique ou théorique, voire une réévaluation de méthodes ou de systèmes conceptuels classiques.

## Dernières parutions

Eric DACHEUX (dir.), *Vivre ensemble aujourd'hui : Le lien social dans les démocraties pluriculturelles*, 2010.
Martine ABROUS, *Se réaliser. Les intermittents du R.M.I, entre activités, emplois, chômage et assistance*, 2010.
Roland GUILLON, *Harmonie, rythme et sociétés. Genèse de l'Art contemporain*, 2010.
Angela XAVIER DE BRITO, *L'influence française dans la socialisation des élites féminines brésiliennes*, 2010.
Barbara LUCAS et Thanh-Huyen BALLMER-CAO (sous la direction de), *Les Nouvelles Frontières du genre. La division public-privé en question*, 2010.
Chrystelle GRENIER-TORRES (dir.), *L'identité genrée au cœur des transformations*, 2010.
Xavier DUNEZAT, Jacqueline HEINEN, Helena HIRATA, Roland PFEFFERKORN (coord.), *Travail et rapports sociaux de sexe. Rencontres autour de Danièle Kergoat*, 2010.
Alain BERGER, Pascal CHEVALIER, Geneviève CORTES, Marc DEDEIRE, *Patrimoines, héritages et développement rural en Europe*, 2010.
Jacques GOLDBERG (dir.), *Ethologie et sciences sociales*, 2010.
M. DENDANI, *La gestion du travail scolaire. Etude auprès de lycéens et d'étudiants*, 2010.
Françoise CHASSAGNAC, *Les sans-abri à La Rochelle de nos jours*, 2010.
Nathalie FRIGUL, Annie THÉBAUD-MORY, *Où mène le Bac pro? Enseignement professionnel et santé au travail des jeunes*, 2010.
Mathieu BENSOUSSAN, *L'engagement des cadres. Pratiques collectives et offres de représentation*, 2010.
Tado OUMAROU et Pierre CHAZAUD, *Football, religion et politique en Afrique. Sociologie du football africain*, 2010.

Damien Lagauzère

# Le masochisme
## Du sadomasochisme au sacré

L'HARMATTAN

© L'HARMATTAN, 2010
5-7, rue de l'École-Polytechnique ; 75005 Paris

http://www.librairieharmattan.com
diffusion.harmattan@wanadoo.fr
harmattan1@wanadoo.fr

ISBN : 978-2-296-13203-0
EAN : 9782296132030

« *Ce qui est fait par amour s'accomplit toujours par-delà bien et mal.* »[1]

---

[1] NIETZSCHE F., *Par-delà le bien et le mal. La généalogie de la morale*, (1ère éd. 1886-1887), Gallimard, Paris, 1971. p. 92.

# INTRODUCTION

**I-Un objet sociologique ?**

Qu'on le veuille ou non, l'homme n'est pas mû par son seul instinct lorsqu'il s'agit pour lui d'agir sexuellement. Il attend de la société à laquelle il appartient, et dont il est le produit, qu'elle lui dise quand, comment et avec qui avoir des relations sexuelles. La sexualité humaine est donc, au moins en partie, produite, déterminée par le contexte culturel dans lequel elle est inscrite et, en retour, elle contribue à structurer les rapports sociaux, en légitimant par exemple l'ordre établi des sexes et des générations.

En réalité, nos difficultés, nos réticences à considérer la sexualité comme un objet sociologique sont elles-mêmes le fruit d'une construction sociale. C'est notamment sous l'influence culturelle de la psychanalyse que nous nous sommes habitués à penser que nos comportements ordinaires ne s'expliquaient que par un inconscient sexuel. Or, une étude sérieuse de la sexualité ne peut ni ne doit se limiter à cette seule analyse. C'est animé d'un tel souci que nous nous sommes attaché non seulement à décrire mais à comprendre les pratiques sadomasochistes (SM) et leurs implications par le prisme de la sociologie. Ceci nous a permis de mettre à jour les caractéristiques du masochisme non pas en tant que simple ensemble de pratiques ou en termes d'identité, mais avant tout en tant que processus sociologique.

Le masochisme se révèle être un objet d'étude sociologique d'autant plus légitime qu'on constate, depuis quelques années, une certaine démocratisation des sexualités déviantes. De plus en plus de gens s'essayent en effet à ces pratiques mais sans forcément en connaître les tenants et aboutissants ni même les techniques élémentaires de sécurité.

Certains médias expliquent cette vogue par son caractère éminemment cérébral et la possibilité d'avoir un certain type de rapports sexuels sans pénétration, donc sans risque de contamination par le VIH. C'est un fait, certes, mais ceci ne concerne que certaines pratiques sadomasochistes, d'autres supposent autant de risques de contamination que la sexualité traditionnelle. La flagellation et la scarification par exemple, par les plaies qu'elles supposent, offrent autant de portes d'entrée potentielles au virus.

Le masochisme s'avère également être un objet sociologique légitime dès lors que, comme Mendès-Leite nous y invite, nous « envisageons la construction sociale des sexualités comme un processus dynamique, lié aussi bien à l'imaginaire socioculturel qu'aux transformations subies par les sociétés par l'action de variables diverses [...], c'est-à-dire des facteurs socioculturels plus larges qui dépassent la question spécifiques des interactions sexuelles. »[1]

Toutefois, prendre le SM comme objet de réflexion scientifique n'est pas chose aisée. Deleuze, par exemple, nous montre combien l'unité et la complémentarité présumées du sadisme et du masochisme ne tiennent pas debout dès lors que l'on prête un tant soit peu attention à la vie et à l'œuvre de ceux dont ces concepts tirent leur nom. Cette illusion provient, en partie, de ce que le masochiste peut se montrer sadique et réciproquement. Or, comme nous aurons l'occasion de le montrer, le sadisme du masochiste diffère de celui du sadique, de même que le masochisme du sadique diffère de celui du masochiste. Et le philosophe opère même une distinction entre le « froid » masochiste, comme dénégation de la sensualité, et le « froid » sadique qui concerne, lui, les sentiments. Nous y reviendrons.

Définir le masochisme est une tâche ardue, en raison même du caractère historique de son traitement scientifique, c'est-à-dire de la précision croissante consistant à déterminer ce qui en relève ou non ainsi que de l'élaboration de nouvelles catégories. Telle pratique peut, au gré de l'évolution de cette définition, intégrer ou quitter la sphère des pratiques SM au profit de nouvelles catégories comme le BDSM ou le *hard*. Sa définition n'est finalement pas encore arrêtée, que ce soit par les sociologues ou les sadomasochistes eux-mêmes, d'où et en raison de son caractère ambigu, flou et pluriel.

Notons enfin, avant d'aborder plus concrètement la question de la définition, que Giami, lors de la soutenance de notre thèse, remarqua que nous usions de manière indifférenciée des termes « sadomasochisme », « maso-

---
[1] MENDES-LEITE R., *Le sens de l'altérité. Penser les (homo)sexualités*, Sexualité humaine/mémoire du temps, L'Harmattan, Paris, 2000, p. 96.

chisme » ou encore « pratiques *hard* ». Il nous demanda alors quel était réellement notre objet de recherche, nous rappelant par ailleurs la définition du BDSM comme activités sadomasochistes volontaires englobant les dimensions physiques (coups, liens, entraves, etc.) et les dimensions psychologiques (humiliation, soumission, autorité, etc.), le tout étant effectué par des adultes consentants. Si nous persistons toutefois dans notre démarche, ce n'est pas que nous jugeons que les remarques de Giami ne sont pas pertinentes, bien au contraire, mais parce que ce sont les termes employés par les membres du réseau de relations constituant notre terrain de recherche. La définition du BDSM donnée par Giami rend donc bien compte de la réalité que nous avons observée, mais notre façon de l'exprimer nous permet également de restituer au mieux la manière dont elle est perçue, vécue et exprimée par ses acteurs. Dans le souci toutefois d'introduire une nuance entre les termes, nous pouvons considérer que « masochiste » et « sadochiste »[1] renvoient aux rôles tenus dans le cadre du « sadomasochisme » conçu alors comme étant une relation masocentrique et non un simple ensemble de pratiques.

## II-Définir l'objet

Construire une définition, et qui plus est une définition sociologique du masochisme, suppose tout d'abord de prendre connaissance des définitions courantes de ce terme, notamment celles forgées par les sadomasochistes eux-mêmes. Or, la tâche est compliquée puisque le sadomasochisme et le masochisme peuvent se comprendre, au

---

[1] Le dominant dans une relation SM, nous définirons ce terme plus loin.

moins dans un premier temps, en tant qu'identité et/ou ensemble de pratiques. De plus, au fil de nos entretiens émergeait la notion de pratiques *hard*, englobant le sadomasochisme sans pour autant se résumer à lui.

Afin de donner une définition sociologique du masochisme, nous avons tenté de recouvrir, en les transcendant, les définitions courantes du terme, mais également les variations propres à chaque réseau de relations, tout en nous interrogeant sur leurs significations pour celui qui la formule.

Considérer le masochisme en tant que processus sociologique permet donc d'en appréhender les différentes spécificités, les différentes manifestations, tout en mettant l'accent sur son efficience. Mais il s'agit également de briser l'association ou la réduction systématique du masochisme à une pratique sexuelle. En effet, en tant que processus sociologique, le masochisme se révèle efficient dans d'autres sphères que celle relative à la sexualité. C'est pourquoi nous présentons dès à présent les définitions des diverses notions que suppose une étude du masochisme en partant de la notion généraliste de pratiques *hard* telle qu'elle nous fut présentée par nos témoins, pour parvenir à une définition sociologique du masochisme.

### A-Le *hard*

Le *hard* nous fut présenté comme un vaste ensemble composé des sous-ensembles que sont les diverses pratiques considérées comme étant hors normes. Ces sous-ensembles, bien que nettement différenciés, peuvent cependant s'entremêler. Certaines pratiques relèvent donc tantôt du *hard*, tantôt du sadomasochisme, en fonction du point de vue de chacun, du contexte, de la relation qu'elles supposent entre les partenaires.

La définition des termes demeure malgré tout problématique puisque chacun, partant de sa propre expérience, développe sa propre conception de ce qui relève du *hard* et/ou du SM. Ceci nous a finalement conduit à concevoir le *hard* comme ne pouvant pas vraiment être défini, ou en tout cas pas plus que nous venons de le faire. Pourtant, ce besoin de définir ses pratiques, sans être général, est significatif. La volonté de définir ses pratiques relève tout d'abord du besoin de nommer les choses afin de mieux les comprendre, les appréhender, les maîtriser. Mais cela permet également de se situer dans une sphère sociale et d'y retrouver des personnes ayant les mêmes centres d'intérêt, autrement dit de sélectionner des partenaires. Malgré tout, ce qui relève du *hard* demeure relativement flou, au point d'ailleurs que certains peuvent avoir ce type de pratiques sans les nommer ainsi, sans avoir envie de le faire, ni de se situer sur une quelconque échelle de valeurs.

Toutefois, si les divers réseaux de relations produisent des définitions spécifiques du SM, toutes font référence à un tronc commun. Weinberg, Williams et Moser font d'ailleurs état d'une sous-culture SM fournissant ce tronc commun, soit autant de significations permettant à chacun d'élaborer ensuite sa propre définition.

## B-Le sadomasochisme

Le masochisme et le SM recouvrent une réalité complexe. Il ne s'agit par conséquent pas tant pour nous d'offrir une définition unique, générale et définitive du masochisme comme objet sociologique que de dégager le tronc commun à toutes les dimensions qu'il peut revêtir. Weinberg, Williams et Moser définissent le SM comme étant un jeu de rôle mettant en scène une relation de domination dans un contexte sexuel basé sur le consentement et un accord quant au déroulement de ladite mise en scène. Nous tenterons ici de donner une définition plus précise du sadomasochisme en établissant deux distinctions. Tout d'abord, à l'instar de Deleuze, nous distinguerons le sadisme du masochisme. Ensuite, nous montrerons en quoi le masochisme *soft* diffère du masochisme pathologique.

### *La distinction « deleuzienne »*

Avant toute chose, gardons à l'esprit que le mot même « sadomasochisme » est un terme générique issu de la mise en relation de deux termes renvoyant à des réalités opposées : sadisme et masochisme. Le sadisme évoque spontanément des actes de cruauté et le plaisir qu'ils suscitent chez celui qui les commet. Quand on parle de masochisme, on s'imagine des individus vêtus de cuir ou déguisés en soubrettes suppliant une maîtresse cruelle de les fouetter encore. Partant de ce principe, il semble logique

que sadiques et masochistes se rencontrent. Les choses sont évidemment plus compliquées qu'il n'y paraît.

Le caractère contradictoire du mot sadomasochisme est particulièrement visible dans la forme que prennent les écrits (et la vie) des auteurs qui lui ont, bien involontairement, donné son nom : Sade et Masoch. Ainsi, ce qui est en jeux chez Sade relève de la négation. Un des libertins des *120 journées* déclare en effet être excité, non par « les objets qui sont ici », mais par ceux qui ne sont pas là, par « l'idée du Mal »[1]. L'exhibition, présente dans les écrits de Masoch, est étonnamment absente des pratiques sadiennes et sadiques. Nous aurons l'occasion de revenir sur l'importance de l'exhibition dans le masochisme. Pour l'instant, relisons Sade qui nous explique en quoi la présence de témoins nuit à ses pratiques : « On n'imagine pas comme la volupté est servie par ces sûretés-là et ce que l'on entreprend quand on peut se dire : « Je suis seul ici, j'y suis au bout du monde, soustrait à tous les yeux et sans qu'il puisse devenir possible à aucune créature d'arriver à moi ; plus de freins, plus de barrières. » De ce moment-là, les désirs s'élancent avec une impétuosité qui ne connaît plus de bornes, et l'impunité qui les favorise en accroît bien délicieusement toute l'ivresse. On n'a plus là que Dieu et la conscience : or, de quelle force peut être le premier frein aux yeux d'un athée de cœur et de réflexion ? Et quel empire peut avoir la conscience sur celui qui s'est si bien accoutumé à vaincre ses remords qu'ils deviennent pour lui presque des jouissances ? »[2] L'univers de Sade apparaît alors comme étant structuré autour de l'idée de désordre comme facteur d'ordre, comme une sorte de né-

---

[1] SADE D.A.F., *Les 120 journées de Sodome*, 10/18, Paris, 1975, p. 179.
[2] *Idem*, p. 222.

gatif du nôtre où toute conception morale s'efface devant une nature qui, parce qu'elle les accepte en son sein, légitime autant les concepts de bien que de mal, d'où la déception du héros sadien, puisque cette nature lui montre que le crime ultime auquel il aspire n'existe finalement pas. A cette surenchère, cette escalade dans l'obscénité et dans l'horreur caractéristiques des *120 journées*, Masoch oppose, quant à lui, des descriptions décentes, figées comparées à cette impression d'accélération que suscite la lecture de Sade. En fait, le style littéraire de Masoch se rapproche de la logique du peintre qui fixe l'instant, l'immortalise. Nous trouvons là ce rapport typiquement masochiste au temps qui fait de l'attente et du suspens les moteurs d'une tension qui, de moyen, condition du plaisir, en devient finalement la source. Ceci est particulièrement évident dans certains passages de *La Vénus à la fourrure*. Ainsi pouvons-nous lire :
« Mon regard glissa par hasard sur le miroir massif suspendu en face de nous et je poussai un cri : dans ce cadre doré, notre image apparaissait comme un tableau et ce tableau était merveilleusement beau. Il était si étrange et si fantastique qu'un frisson profond me saisit à la pensée que ces lignes et ces couleurs allaient s'effacer comme un nuage.
« Qu'as-tu ? » demanda Wanda.
Je montrai le miroir.
« Ah, oui, c'est beau, s'écria-t-elle. Quel dommage qu'on ne puisse retenir cet instant.
– Et pourquoi pas ? dis-je. Est-ce que n'importe quel peintre, fût-ce le plus célèbre, ne serait pas fier que tu permettes à son pinceau de t'immortaliser ? ... » »[1]

---

[1] SACHER-MASOCH L., *La Vénus à la fourrure*, Mille et une nuits, Paris, 1999, p. 143.

Sadisme et masochisme relèvent en fait de deux situations différentes. C'est pourquoi le bourreau du masochiste ne peut pas être un « vrai » sadique étant donné qu'il relève de la situation masochiste. Il est soumis à des règles et, par conséquent, à sa victime, ce qui est impossible dans la situation sadique. De même, comment la victime d'un sadique dans une situation sadique pourrait être un véritable masochiste ? Un véritable sadique ne saurait se satisfaire d'une victime consentante. Jamais il n'acceptera que sa victime tire une quelconque satisfaction du traitement qui lui est infligé et encore moins qu'elle se permette de lui imposer sa volonté et ses fantasmes. Le contrat en vigueur dans la relation sadomasochiste n'a pas de raison d'être dans le sadisme. « Qu'importent les contrats à celui qui peut commander, écrit d'ailleurs Nietzsche, qui est un « maître » par nature, violent dans ses œuvres et dans ses gestes ! »[1] Le sadique véritable donc, s'il a besoin de règles, se passe du consentement de sa victime là où, au contraire, le maître du masochiste a besoin d'une relation contractuelle et se soumet aux règles dictées par sa victime.

Ainsi, le dominant sadomasochiste diffère du sadique parce qu'il ne souhaite pas contraindre quelqu'un contre son gré. Le consentement du masochiste est donc non seulement nécessaire mais indispensable. C'est pourquoi une domina déclare : « l'essentiel est d'arriver à un certain degré d'excitation pour faire un tas de choses. Je peux même devenir très violente. Mais cela me plaît dans la mesure où l'autre est excité. Mais je ne suis pas sadique au point de me dire : je désire faire telle ou telle chose et je

---

[1] NIETZSCHE F., *Par-delà le bien et le mal. La généalogie de la morale*, op. cit., p. 277.

le ferai que cela plaise ou non à l'autre. »[1] Un autre déclare encore : « Tout ce que je peux faire, c'est être le meilleur maître possible. Tout en pensant à son bien-être à elle, je ne dois pas oublier qu'elle se place entre mes mains volontairement... pour mon plaisir. »[2] Le dominant sadomasochiste est pleinement conscient du consentement de son partenaire et il garde à l'esprit que le but de sa relation est leur plaisir à tous deux et non uniquement le sien. Le SM s'enracine donc dans le consentement mutuel. Toutefois, le dominant se ménage quelques espaces de liberté dans le déroulement de la séance et peut même participer activement à son élaboration en collaboration avec le masochiste.

Le sadomasochisme relève donc du masochisme et non du sadisme. Il doit être compris comme une relation génératrice de pratiques considérées comme déviantes et masocentriques, dans la mesure où tout reflète les désirs du masochiste. Le masochiste nous apparaît ici comme une figure qu'on pourrait qualifier de christique tout autant que d'omniprésente, omnipotente et omnisciente dans la mesure où il est tout : celui qui souffre, celui qui inflige la souffrance, le spectateur de la souffrance, tous les éléments de la mise en scène et tout cela par amour.

L'ambiguïté du terme s'enracine en fait dans le préfixe *sado-* qui génère et entretient un certain nombre d'idées reçues défavorables à une bonne compréhension du sadomasochisme et du masochisme. Certains sadomasochistes semblent avoir résolu le problème en préférant les termes de dominé et dominant à ceux de sadique et masochiste. La revue *Dominatur*, par exemple, se présente comme étant une « revue de Domination et de soumis-

---
[1] UNGERER T., *S.M.*, Le cherche-midi éditeur, Paris, 2000, p. 16.
[2] Propos extraits de *Tops and bottom*, ARTE, novembre 1999.

sion »[1]. Afin d'éviter toute confusion malheureuse dans l'avenir, il serait peut-être judicieux, pour nommer la pulsion qui anime le dominant sadomasochiste, d'utiliser le « néologisme-lapsus » employé par « A » lors d'un de nos entretiens et de parler désormais de « sadochisme ». Ainsi, le couple sadomasochiste serait alors composé d'un masochiste et d'un sadochiste.

## *Le ludique et le pathologique*

Afin de mieux circonscrire l'objet de notre réflexion, il convient également d'établir une distinction entre ce que nous appelons une pratique sadomasochiste *soft* ou ludique, ayant pour but la recherche d'une satisfaction sexuelle, et une autre à caractère pathologique, dont le moteur n'est plus Eros mais Thanatos, plongeant les partenaires dans une spirale autodestructrice. La différence entre ces deux types de relation sadomasochiste vient entre autres de l'existence ou non d'un sentiment amoureux unissant les partenaires. Ainsi, le sadomasochiste *soft* cherche le plaisir et l'amour, la maîtrise de soi dans et par la maîtrise de ses propres pulsions, là où le sadomasochiste pathologique, au contraire, nie l'amour et demeure entièrement soumis à ses pulsions de mort.

Nous qualifierons donc de pathologique le masochisme de celui qui a quitté la sphère du jeu, de l'érotisme et de la recherche du plaisir pour quelque chose de plus obscur, de l'ordre de l'entreprise de la destruction de soi. Nous ne sommes plus dans le cadre de pulsions contrôlées, mais au contraire dans celui des mutilations les plus ex-

---
[1] Nous remarquerons l'emploi de la majuscule.

trêmes, le masochiste étant animé par la volonté de se trouver réduit peu à peu à ce que Milgram nomme l'état agentique.

Par SM *soft* – et seul celui-ci est véritablement l'objet de notre étude –, nous entendrons au contraire celui qui n'est dangereux ni physiquement ni moralement car, malgré les apparences, la situation demeure sous contrôle. Nous ne sommes pas dans le déchaînement chaotique des pulsions mais au contraire dans la maîtrise de celles-ci, dans la maîtrise de soi. Et c'est cette maîtrise qui inspire confiance et permet l'abandon du soumis. Le sadomasochisme *soft* concerne donc ceux pour qui la sexualité est un jeu, un jeu de rôle et de pouvoir, l'occasion de goûter à des plaisirs nouveaux d'ordre sexuel, mais également au plaisir de transgresser la norme.

Dans une telle perspective, il convient de rappeler que, à moins de verser dans un sadomasochisme extrême et (auto)destructeur, la plupart des adeptes de ces pratiques ne sont, contrairement à ce que laisse penser la croyance commune, ni des malades, ni des obsédés sexuels. Le plaisir, écrit en effet Durkheim, est « comme la douleur, chose essentiellement relative »[1]. Le plaisir sadomasochiste n'est différent du plaisir normé que dans ses formes, ses moyens d'y parvenir. Ceci constitue d'ailleurs la base de la revendication des membres de *The lady O Society* qui déclarent : « Nous ne sommes pas anormales, nous sommes différentes, et heureuses d'être différentes. »[2] Pleinement conscientes des normes en vigueur en matière de sexualité, elles choisissent de les transgresser afin d'explorer de nouveaux horizons arbitrairement prohibés par notre société.

---

[1] DURKHEIM E., *De la division du travail social*, Quadrige/P.U.F., Paris, (1ère éd. 1893) 1986, p. 230.
[2] COUSIN P. (dir.), *SM. L'encyclopédie du sadomasochisme*, La Musardine, Paris, 2000, p. 89.

## *Une définition sociologique du masochisme*

Afin de clarifier notre démarche et la direction prise par notre recherche, il nous semble nécessaire d'élaborer dès maintenant une première conceptualisation sociologique du masochisme. Ainsi, nous l'envisagerons comme le processus par lequel un individu va s'autocontraindre, c'est-à-dire intérioriser la contrainte de différer dans le temps la satisfaction de son désir. La contrainte apparaît alors comme la condition et le moyen d'obtenir satisfaction. Puis, dans un second temps, elle devient en elle-même une source de satisfaction. Le moyen est devenu une fin en soi. Le processus trouve enfin sa légitimation et sa ratification dans sa reconnaissance par le ou les partenaires. Le sadomasochisme est alors une relation entre individus dont l'un va s'autocontraindre, différer dans le temps la satisfaction de son désir, par l'imposition d'une souffrance physique et/ou morale, processus au terme duquel la contrainte comme moyen de satisfaction devient la source de cette satisfaction. Mais n'oublions pas que le sadomasochisme et le masochisme se trouvent également être à la fois un ensemble de pratiques, une (sous-)culture, une relation et une identité.

En tant que processus, le masochisme se révèle producteur de pratiques et de schémas de perception différents de ceux imposés par la culture courante dans laquelle il s'inscrit. En cela, il s'avère être autant une alternative qu'une parodie de la société dont il est issu et dont il permet de combler certaines lacunes, notamment celles liées au besoin de se sentir unique. Le masochisme en tant que processus sociologique est donc un nouveau prisme permettant à l'individu d'appréhender le monde dans lequel il vit en lui donnant un sens différent de celui qui lui est proposé, imposé par la société à laquelle il appartient.

Les conditions même de notre travail ne sont pas sans en avoir grandement influencé à la fois la direction, les conclusions auxquelles nous sommes parvenu et les moyens que nous avons mis en œuvre pour les atteindre. Cela tient non seulement au caractère pluriel du masochisme que l'on peut considérer à la fois comme une identité, une relation ou encore un simple ensemble de pratiques, mais également aux difficultés que nous avons rencontrées lorsqu'il nous a fallu nouer des contacts[1]. Il s'agira donc pour nous ici de rendre compte de ce voyage qui nous a conduit à nous interroger autant sur notre objet que sur notre discipline. Nous avons choisi ici de passer sous silence la dimension ethnographique et l'aspect méthodologique de notre travail, d'une part parce que les données recueillies sont aujourd'hui anciennes mais aussi parce que la sociologie américaine a déjà mené une étude similaire et produit des données quantitatives aboutissant à des résultats somme toute comparables. Par conséquent, nous avons choisi de développer ici les réflexions qui ont pris pour base notre travail de thèse et qui en constituent le prolongement. Il s'agira donc pour nous d'expliquer comment le masochisme peut être perçu et compris non seulement comme une déviance ou une transgression mais également comme un moyen d'accéder au sacré. C'est pourquoi, dans un premier temps, nous montrerons en quoi le

---

[1] Ce sont d'ailleurs ces difficultés qui nous ont conduit, lors de notre travail de thèse, à restreindre la part ethnographique de notre travail au SM et au *hard* gay. Or, c'est précisément cette contrainte qui nous a permis de percevoir et comprendre certaines spécificités du masochisme en tant que processus sociologique.

caractère déviant du masochisme nous permet d'en saisir sa dimension initiatique puisqu'il suppose une trajectoire, un voyage. Nous tenterons dans un second temps d'expliciter ses rapports avec le pouvoir et la domination. Les rapports spécifiquement masochistes au temps, à la mort, au corps et à la souffrance, qu'elle soit physique ou morale, nous permettront ensuite de construire le masochisme comme processus sociologique. C'est ce dernier point qui nous a permis de comprendre comment, en parodiant la société dont il est un des produits par sa mise en scène du pouvoir et son utilisation de la souffrance et de la contrainte, le masochisme s'avère finalement être un moyen moderne de gérer l'équilibre entre le sacré et le profane, de passer de l'un à l'autre, de se parer des atours du sacré.

# MASOCHISME ET DEVIANCE

Les masochistes, le masochisme et les pratiques qu'il suppose relèvent de la déviance telle que la définit Becker. Cette qualification est en effet le résultat du processus d'interaction entre des individus ou des groupes. Les uns, en l'occurrence les sadomasochistes, en poursuivant la satisfaction de leurs propres intérêts, transgressent les normes élaborées par ceux que Becker nomme les entrepreneurs de morale.

Pour reprendre les termes de Goffman, le sadomasochiste entre dans la catégorie des porteurs de stigmates discréditables, soit ceux qui ne sont pas visibles et qui, par conséquent, doivent être dissimulés. Le sadomasochisme fait partie de ces stigmates relativement faciles à cacher. Toutefois, dès lors que le discréditable a le choix de faire la publicité de son stigmate, se pose alors la question des conséquences d'un tel *coming out*. La révélation du secret risque de nuire à l'image que son entourage se construira du stigmatisé qui, de discréditable, passera au statut de discrédité, de déviant. Pourtant, certains sadomasochistes, animés par un désir de transgression ou se considérant comme membres d'une communauté, estiment légitime de revendiquer un droit à l'existence. Or, si ces communautés SM obtiennent cette reconnaissance et sont acceptées, elles perdront du coup leur caractère transgressif désiré.

Il ne s'agira pas pour nous ici de pointer les aspects du masochisme qui conduisent à sa qualification en tant que déviance mais, dans une perspective plus dynamique, de montrer en quoi il s'avère un parcours vers et au sein de la déviance. Nous nous intéresserons tout particulièrement à cet aspect du masochisme car c'est cette notion de trajectoire qui lui donne sa dimension initiatique et permet aux sadomasochistes de se percevoir comme franchissant les différentes étapes menant au sacré.

## I-Une trajectoire vers la déviance

Nous retracerons ici le chemin menant de la motivation à la pratique déviante. Partant du constat d'une certaine évidence dans la distribution lors d'une séance SM, nous reviendrons sur les origines psychologiques du SM, notamment afin de déterminer à quel moment de ce parcours vers la déviance les théories sociologiques prennent le relais de l'explication psychologique. Nous montrerons ensuite comment les velléités sadomasochistes d'un individu sont également le fruit d'une trajectoire sociale et d'une mécanique identitaire spécifique. Enfin, nous nous intéresserons aux premiers pas d'un novice au sein d'un réseau de relations SM.

## A-Origines psychologiques du SM

Il est étrange de constater que bon nombre de témoignages de masochistes rapportent qu'ils ont été initiés presque par hasard, sur l'initiative de celui ou celle qui allait devenir leur sadochiste. Ce constat venant en premier lieu de nos lectures de romans autobiographiques, on pourrait alors légitimement nous reprocher une certaine naïveté consistant à fermer les yeux sur le fait que, l'auteur se mettant lui-même en scène, le récit ne décrit finalement qu'une réalité déformée, la vision idéalisée qu'il a de lui-même et de son vécu. Or, ces récits s'inscrivent dans la lignée des propos tenus par ceux que avons eu le privilège de rencontrer, et nous avons eu l'occasion de les voir confirmés lors de nos observations.

Cette évidence dans l'attribution des rôles et l'apparente facilité avec laquelle le novice semble s'y conformer trouvent le plus souvent leur origine dans un souvenir d'enfance mettant en scène une victime passive et impuissante à laquelle ils vont s'identifier. Cette passivité sera ensuite érotisée pour être maîtrisée dans le scénario masochiste. Un masochiste témoigne : « Déjà tout petit, je ne concevais pas les corrections comme punitives... J'en retirais même un certain plaisir. Dans mes premiers fantasmes, mes partenaires prenaient toujours le dessus, j'étais livré à des perverses qui faisaient de moi ce qu'elles entendaient. Et d'ailleurs, mes amies d'enfance étaient des filles au physique très dur, pas très féminines... »[1]

---

[1] CHRISTIN B., MONSCIANI H., HOGAR S., « SM. Y a pas de mal à se faire du bien », *La tribune des swingers*, janvier/février/mars 1999, numéro 3, p. 74.

Un certain type de relation entre parents et enfants peut également être à l'origine du fantasme masochiste. Le Breton prend l'exemple de parents absents ne prêtant attention à leur enfant, ne lui témoignant de l'amour que lorsque ce dernier manifeste de la souffrance. L'enfant apprend alors à associer amour et souffrance et provoquera sa souffrance afin de s'attirer l'amour de ses parents. Dans le même ordre d'idées, un parent culpabilisant d'avoir puni trop durement son enfant se montre par la suite débordant d'affection. La vie de tous les jours est par ailleurs pleine de ces petites occasions de nous rappeler cette association tendresse/souffrance. « C'est pour ton bien », dit le père à son enfant après l'avoir puni, ou encore « qui aime bien châtie bien ».

Les fétichistes du pied et des chaussures interrogés par Weinberg, Williams et Calhan confirment nos dires puisqu'ils relient, pour la plupart, l'origine de leur préférence à un événement perçu comme agréable de leur enfance ou de leur adolescence. A ceci s'ajoute par ailleurs le sentiment d'avoir vécu dans un environnement familial plutôt strict, notamment en ce qui concerne la sexualité.

Le masochisme peut donc être le produit d'une certaine dynamique familiale quand l'enfant est soumis à de stricts interdits en matière de sexualité. Celui-ci ne pouvant recourir ou se livrer aux pratiques sexuelles classiques, il se tourne alors vers des pratiques moins conventionnelles. Dans une même perspective, un adolescent rejeté par les jeunes filles de son âge peut trouver une compensation dans des pratiques considérées comme déviantes, le recours aux pratiques courantes lui étant refusé.

Pourtant, comme nous avons pu nous-mêmes le remarquer, certains sociologues américains font état d'individus s'étant retrouvés impliqués dans le SM sans que cela soit la conséquence d'événements survenus dans l'enfance ou l'adolescence mais simplement de leurs relations avec des sadomasochistes, comme par exemple une femme qui, mariée à un masochiste, devient sadochiste.

Pour ce qui est de la pulsion sadochiste, nous en trouvons également des traces dans l'enfance. Maîtresse Françoise se souvient, alors qu'elle avait neuf ans, d'un petit voisin de six avec lequel elle jouait « à des jeux simples » : « j'étais la maîtresse d'école, et lui, l'élève insolent. Les punitions volaient, puis les fessées, de plus en plus dures, d'une rare violence. Je le consolais, il s'abritait dans mes bras. Puis il relançait le jeu. Il en redemandait. Il n'était jamais rassasié ! »[1] Il en est de même pour Maîtresse Alexandra : « J'ai sans doute vécu des relations de domination avant même de connaître ce mot… Mon cousin, que je forçais à boire (j'avais quatre ans) le jus du purin, ou mes petits voisins que je faisais venir chez moi pour les gifler, ou mon pauvre petit chien de l'époque à qui j'infligeais des lavements, en ont fait les frais tour à tour… »[2] Le sadochiste peut donc lui aussi revivre activement ce qu'il a subi passivement, par un processus d'identification du sujet à l'agresseur d'autrefois. Par exemple, une domina évoque son enfance et sa sœur, plus âgée, qui l'opprimait, suscitant chez elle un besoin de se défendre qui, à l'époque, n'a trouvé à s'exprimer qu'en imagination, toute réponse physique lui semblant à l'époque exclue.

L'origine du masochisme se trouve également dans le sentiment de culpabilité de celui qui estime ne pas avoir été aimé parce qu'il ne le méritait pas et qui décide de se dévouer totalement à la personne aimée dont il pense qu'elle finira par l'aimer en retour. L'autodépréciation du

---
[1] FOUCAULT A., *Françoise maîtresse*, op. cit., p. 18.
[2] MONSCIANI H., « Maîtresse Alexandra », *La tribune des swingers*, janvier/février/mars 1999, numéro 3, p. 64.

masochiste apparaît alors comme l'expression du désir inhibé d'être grand et de la crainte des conséquences d'une telle réalisation de soi-même, comme s'il ne se sentait pas capable d'assumer, de contrôler ce qu'il serait s'il devait se réaliser selon son image idéale de lui-même. Pour Rubin, le masochisme se situe au croisement des sentiments de culpabilité et d'omnipotence, du narcissisme et d'un certain exhibitionnisme. Elle montre en effet que « se considérer et être considéré par les autres, ainsi que le dit Freud, comme « le plus tendre, le plus obligeant et le meilleur des hommes » est déjà une satisfaction narcissique importante ; si on y ajoute la pensée : moi seul suis capable de tant de bonté et de tant d'abnégation pour le bonheur de... mon partenaire, ma famille, mon pays, l'humanité... le plaisir omnipotent devient si intense pour le narcissisme qu'il est difficile d'y résister. »[1] Elle met ensuite en évidence le rôle de l'exhibitionnisme dans le processus consistant pour le masochiste à susciter l'admiration de ses proches par sa capacité à endurer les brimades et les humiliations sans se révolter. Il s'agit donc d'être reconnu, admiré et aimé pour sa capacité à « souffrir en silence », ce qui relève d'un plaisir exhibitionniste. Et si le masochiste ne peut pas reconnaître ouvertement qu'il retire une certaine satisfaction de sa souffrance, il peut toutefois jouir, à moitié consciemment ou au moins à ses propres yeux, du sentiment de puissance que lui confère son statut d'être sacrifié. Le masochisme est alors un moyen déculpabilisant d'accéder à la réalisation de son désir, puisqu'il y est contraint tout en étant puni pour cela. C'est pourquoi Rubin conclut que « la recherche du masochiste moral ne concerne pas tant la souffrance pour elle-même que le sacrifice qui est à la source de l'omnipotence, du narcissisme

---

[1] RUBIN G., *Le sadomasochisme ordinaire*, Études psychanalytiques, L'Harmattan, Paris, 1999, p. 51.

et de l'exhibitionnisme. Mais comme le sacrifice ne peut exister que grâce à la souffrance, la douleur s'érotise et de détestable qu'elle était elle devient au contraire souhaitable. »[1]

## B-Origines socioculturelles de cette distribution des rôles

A l'instar de Stoller, nous pensons toutefois que nos fantasmes et expériences érotiques ne sont pas la conséquence de nos seules expériences infantiles. Nous considérons en effet que le fantasme masochiste est autant le fruit de processus psychologiques que sociologiques. Stoller rappelle d'ailleurs que les choix des enfants et adolescents en matière de sexualité se font en partie en fonction de la sanction négative ou positive émanant de personnes importantes à leurs yeux. De même, dans une perspective goffmanienne, nous pouvons dire que les motivations SM ont bien des origines sociales dans la mesure où toute interaction humaine s'inscrit dans le cadre de définitions sociales donnant à tout comportement des significations spécifiques.

Il est également intéressant de remarquer, comme nous avons pu le constater et comme nous y invite Maillard, qu'il est possible d'avoir des pratiques SM ou de s'adonner au *bondage* sans en connaître le nom, ni savoir qu'ils sont au centre de toute une sociabilité. « Non, je me suis fait attacher une fois par mon copain, mais je ne savais pas que ça s'appelait comme ça ! »[2] déclare une de ses informatrices. « J'ai eu cette idée comme ça... je ne sais

---
[1] *Ibid.*, p. 52.

pas comment ça m'est venu… »[1] déclare une autre. Dans notre propre entourage, certains ont évoqué un goût pour la fessée ou d'autres formes de ce que nous pourrions qualifier de « proto-*bondage* » sans pour autant avoir le sentiment de verser dans le SM[2]. Pour Maillard, cela signifie que le *bondage* est une pratique issue de l'imaginaire, structurée à partir d'un stock de connaissances commun à tous auquel nous pouvons nous référer en permanence afin de construire notre savoir commun. Comme le dit Blin en effet : « la plus grande partie de notre expérience tient en expériences qui ne sont pas les nôtres, mais celles de nos contemporains, de nos semblables qu'ils nous ont communiquées… »[3] A titre d'exemple, considérons l'utilisation par les médias d'une iconographie évoquant le SM et le *bondage*. Une professionnelle de la publicité explique que « c'est vrai que nous suscitons l'intérêt des gens et créons un besoin, mais si une pub marche, c'est aussi parce qu'elle répond à une attente ! »[4] Par conséquent, si le public ciblé s'identifie au message publicitaire c'est avant tout parce qu'il se reconnaît dans ce message. Ceci confirme que notre « attrait » comme toutes les réactions que génère en nous l'évocation du masochisme viennent de ce qu'il est en

---

[2] MAILLARD L., *Contribution anthropologique à l'étude des pratiques d'érotisation de la contrainte. De leur diffusion sur Internet et de leur impact sur les comportements sexuels*, op. cit., p. 84.
[1] *Idem*, p. 84.
[2] Ceci est d'ailleurs l'occasion de préciser que le masochiste sexuel se distingue du masochiste moral par la conscience qu'il a de son masochisme.
[3] BLIN in MAILLARD L., *Contribution anthropologique à l'étude des pratiques d'érotisation de la contrainte. De leur diffusion sur Internet et de leur impact sur les comportements sexuels*, op. cit., p. 85.
[4] MAILLARD L., *Contribution anthropologique à l'étude des pratiques d'érotisation de la contrainte. De leur diffusion sur Internet et de leur impact sur les comportements sexuels*, op. cit., p. 10.

partie le produit de valeurs, de schèmes de perception et de pensée communs à tous et qui sont autant de constructions sociales.

Les pratiques SM et le *bondage* seraient donc en quelque sorte, selon Maillard, une érotisation des relations hiérarchiques incorporées dans le cadre de l'entreprise. Sans contester cet état de fait, nous espérons apporter une explication plus approfondie et plus nuancée en montrant que la dimension hiérarchique d'une relation SM n'est pas le simple fruit de celle du milieu de l'entreprise mais de la structure sociale en général dont le milieu de l'entreprise est également le produit.

Plus concrètement, la pulsion masochiste s'enracine également dans la perception de la douleur telle qu'elle est construite par la culture. Il est un fait avéré que la douleur influe sur la qualité du lien social. Celui qui souffre s'attire l'attention et la compassion de ceux qui l'entourent. Sa souffrance fait de lui le centre de toute une sociabilité. Mais la souffrance peut également rompre ce lien si elle s'avère trop lourde à supporter pour l'entourage. Baser son existence sur la perception de la douleur et en retirer de la satisfaction peut être la conséquence du sentiment de ne pas être intégré, d'être « mal inséré » dans son milieu. On ne peut s'empêcher ici de penser à l'explication durkheimienne du suicide attribué à un excès ou un défaut d'intégration. Le développement de fantasmes sadomasochistes provient alors d'un excès d'intégration en ce sens qu'actuellement la segmentarisation de la relation de pouvoir, se traduisant par la multiplication des « postes à pouvoir » (chef, sous-chef…) due entre autres au développement des entreprises, fait qu'on se retrouve sous les ordres de quelqu'un et avec quelqu'un sous ses ordres, à la fois dominant et dominé, comme les adeptes du sadomasochisme. On remarquera d'ailleurs que, paradoxalement, la chaîne du pouvoir ne cesse de s'accroître alors que, parcellé, le pouvoir en lui-même diminue. Cette relation de pouvoir et au pouvoir est devenue tellement forte que les individus l'ont complètement intégrée, intériorisée, au point que certains s'en servent comme support de fantasmes. Le SM s'inscrit alors dans un parcours liant plaisir physique et pouvoir. D'une manière générale, être inséré dans une hiérarchie nous assure d'exercer un pouvoir sur autrui autant que d'être l'objet sur lequel un pouvoir va s'exercer, mais dans le SM la place de chacun est la conséquence d'un choix. A cela, ajoutons que leur position sociale permet à certains d'accéder à des plaisirs dont ils peuvent se lasser, d'où le désir de connaître de nouvelles choses. Dans ces conditions, le sadomasochisme est le produit de l'articulation entre un rapport spécifique au pouvoir lié à sa position dans la hiérarchie sociale courante et un rapport au plaisir physique tel que la position sociale permet de l'appréhender.

A l'inverse, nous pouvons considérer le fantasme sadomasochiste comme le résultat d'un défaut d'intégration quand l'individu, comme dans le cas décrit par Le Breton, n'a plus que sa douleur pour attirer sur lui l'attention et l'intérêt des membres de son groupe. Dans le cadre de la relation sadomasochiste et, par extension, de la communauté sadomasochiste, sa douleur fait du masochiste le centre d'attraction de toute une sociabilité, en plus d'être la source et le réceptacle d'une satisfaction sexuelle. Ainsi, 53% des informateurs de Weinberg, Williams et Calhan font état du sentiment d'avoir eu moins d'amis que les autres pendant leur adolescence. Il est d'ailleurs intéressant de noter que 44% des fétichistes interrogés déclarent avoir tendance à rester en retrait en société. Dans la même optique, 36% déclarent se sentir seuls. Les masochistes par défaut d'intégration sont donc ceux qui se sentent tellement étrangers à la société, tellement peu reconnus qu'ils ne trouvent d'autres moyens d'obtenir cette reconnaissance qu'en jouant sur le sentiment de culpabilité et la compassion que va susciter chez autrui l'exhibition de leur douleur et de leur malheur. Nous retrouvons ici l'image du martyre telle qu'elle est valorisée par la tradition judéo-chrétienne. Elle encourage en effet des comportements de renoncement à la satisfaction immédiate des désirs qu'elle explique par la satisfaction de tous les désirs dans l'au-delà. La tradition judéo-chrétienne véhicule l'idée de souffrance par amour à travers l'image du Christ mort par amour des hommes. A travers ces incitations à adopter des comportements sociaux de type masochiste, la religion explique et légitime l'ordre social. Mais n'omettons pas malgré tout que, pour certains, le SM n'est qu'un moyen de pimenter leur vie sexuelle, ou tout simplement le fruit d'une rencontre et ce d'autant plus que les partenaires sont patients et initient progressivement le novice, instaurant ainsi l'indispensable climat de confiance.

Nous conclurons sur ce point en prenant un dernier exemple : l'origine du masochisme du romancier japonais Shozo Numa. Il raconte comment, prisonnier de guerre, il fut l'objet de sévices sexuels de la part d'une femme blanche, suscitant en lui des fantasmes masochistes dont il ne s'est par la suite jamais départi. Lorsqu'il rentre au Japon, il découvre son pays occupé par les Blancs. Cette situation politique, liée aux expériences subies pendant sa captivité et à la destruction de sa vision de l'empereur comme divin, achève le développement de son masochisme. Shozo Numa regrette ainsi que tous les spécialistes ayant étudié le masochisme ne se soient pas intéressés au « désir de soumission masochiste qui peut naître de la couleur de la peau. Les médecins japonais n'abordaient quant à eux jamais cette question. Il semblait n'y avoir que moi pour poser le problème du complexe d'infériorité des Japonais par rapport aux Blancs et celui de la relation masochiste qui en découle. »[1] Le fantasme de l'auteur est donc le produit de son histoire personnelle, mais dans le cadre d'un contexte sociohistorique spécifique donnant une coloration elle-même spécifique à cette histoire personnelle qui s'en trouve renforcée. Autrement dit, le masochisme s'explique par la psychologie et la sociologie.

## C-Une stratégie identitaire

Lahire remet en cause une certaine tradition sociologique consistant à construire des groupes en fonction de critères bien définis. En effet, cette conception a pour conséquence l'idée fausse selon laquelle chacun devrait se conformer totalement à l'idéal-type représentatif de son groupe d'appartenance. Or, sans remettre en cause l'existence d'acteurs correspondant au modèle, il est important de rappeler que ces derniers sont porteurs de spécificités qui n'en font pas de simples clones interchangeables. Il s'agit donc pour le sociologue de rester vigilant afin de ne pas concourir à la construction de l'illusion de l'unicité, de l'invariabilité de l'acteur, d'autant plus que cette invariabilité dans les idées et le comportement est valorisée socialement. Les « girouettes » n'ont en effet pas bonne presse.

Il s'agit en fait, comme nous y invite Foucault, de ne pas confondre identité et surmoi. L'identité est alors

---
[1] NUMA S., *Yapou, bétail humain. Tome 1*, Désordres/Laurence Viallet, éd. du Rocher, 2005 (1$^{ère}$ éd. 1956), p. 434.

conçue comme étant soumise au surmoi et devant s'en libérer pour être créatrice, plurielle. L'identité est ce qui nous permet de nous affirmer en tant qu'individu. Elle nous permet de nous définir en fonction de nos ressemblances et différences avec autrui. En tant que construction issue de notre participation aux différents groupes auxquels nous appartenons, l'identité n'est pas indépendante des réalités sociales. Bien au contraire, elle s'imprègne des exigences du social. Néanmoins, Foucault déplore que l'individu ne perçoive son identité que comme une instance directrice l'incitant à adopter une conduite stricte, lui interdisant toute innovation non « conforme ». Il nous invite donc à être créatifs et à ne pas la réduire à un carcan contraignant et frustrant.

Le surmoi, en tant qu'inconscient collectif intériorisé, joue un rôle d'autorité. Or, si l'individu est soumis au surmoi, il ne l'est pas à son identité qui ne se limite pas au surmoi. Foucault propose donc, par un travail sur soi, de réussir à se dégager des normes intériorisées, afin de permettre l'exploration de directions, de voies nouvelles que les exigences du surmoi nous interdisaient. Aussi pouvons-nous envisager une personnalité multiple issue de la participation de l'individu à différentes sphères d'activité, à différentes sphères sociales, à différents champs avec chacun leurs enjeux et leurs schèmes de pensée et de comportement appropriés.

En réalité, la possibilité de présenter une identité cohérente et unifiée sur le long terme exige des conditions sociales qui ne sont finalement qu'exceptionnellement réunies. C'est le cas par exemple dans les sociétés traditionnelles où la mise en place d'une telle structure sociale exige un faible nombre d'acteurs et la limitation des contacts avec l'extérieur. La construction d'une identité homogène suppose donc une structure sociale très dense et cohérente dont l'individu ne peut que difficilement s'échapper, ainsi qu'un fort contrôle social et un nombre restreint de modèles de socialisation. Les réactions d'un individu socialisé dans de telles conditions sont prévisibles, ce qui constitue un réel avantage pour ceux qui exercent le pouvoir. A l'inverse, une socialisation plurielle suppose l'acquisition de schèmes différents et la participation à des sphères différentes qui vont activer différents types de connaissances acquises. Ainsi dans nos sociétés actuelles, nous sommes quotidiennement confrontés à différentes situations sociales, à différentes sphères sociales parfois concurrentes, voire contradictoires. Nous nous construisons donc par agrégation de schèmes de pensée hétérogènes, voire opposés, qui s'activeront lorsqu'ils seront en adéquation avec un contexte spécifique, d'où nos comportements difficilement prévisibles et parfois contradictoires.

Ces réflexions ne sont pas de vaines digressions théoriques car c'est sa perception de son identité qui va dicter sa conduite au sadomasochiste. Ainsi, franchir le cap, rencontrer un partenaire potentiel n'est pas chose aisée. Le novice se heurte en effet à toutes sortes de barrières issues de l'intériorisation des normes lui interdisant de telles pratiques. Un masochiste déclare ainsi : « il m'a fallu, je pense, quelques mois pour vaincre mes réticences, liées à une éducation bourgeoise et chrétienne, me « décoincer » et oser contacter une pro. »[1] Ces difficultés s'expliquent par le conflit entre les aspirations SM et les rôles à tenir dans la vie courante. Par conséquent, Poutrain estime qu'il est difficile pour une femme de se percevoir en soumise dans une société prônant l'image de la femme active. De même, il lui paraît délicat pour un homme de se

---
[1] POUTRAIN V., *Sexe et pouvoir. Enquête sur le sadomasochisme*, Nouveaux Mondes, Belin, Paris, 2003, p. 83.

percevoir comme dominant, car cela sous-entend le risque d'être considéré comme un monstre ou un sadique. Nous pensons qu'il est tout autant difficile de se percevoir comme soumis pour un homme, et dominante pour une femme, car cela va à l'encontre de la distribution traditionnelle des rôles entre les sexes, où la femme est soumise à un homme dominant.

Le sadomasochisme suppose donc avant tout de s'accepter tel que l'on est, ou du moins tel qu'on se perçoit, que l'on accepte d'avoir certains désirs, certaines envies apparemment incompatibles avec l'image « politiquement correcte » de soi que l'on doit quotidiennement présenter aux autres, mais également et peut-être avant tout à soi-même. Cela demande donc de composer avec le sentiment de culpabilité, source de conflit interne pouvant déboucher sur le refus d'assouvir ses désirs et générer non seulement le maintien de la tension intérieure mais aussi un état dépressif. Assumer ses envies devient alors une sorte de soupape de sécurité pulsionnelle, permettant d'évacuer ces tensions issues de la répression de désirs non conformes aux exigences de la vie courante et intériorisées sous la forme du surmoi.

## D-L'entrée dans un réseau

### Intégrer un réseau

Nous préférons le terme de réseau de relations à celui de communauté car il nous semble mieux refléter la diversité des conceptions que les sadomasochistes peuvent avoir d'eux-mêmes et de leurs pratiques. Ainsi, la communauté SM est composée de multiples réseaux de relations partageant un tronc commun de représentations mais se distinguant les uns des autres par des spécificités telles qu'elles peuvent rendre impossible tout lien entre eux.

Il existe divers moyens d'intégrer un réseau de relations SM. Les petites annonces restent un moyen privilégié, que ce soit celles passées dans la presse spécialisée ou classique, sur Internet... Autres outils indispensables de l'adepte des pratiques *hard* et SM qui veut agrandir son cercle de connaissances, les banques de données, que l'on trouve sous forme d'annuaires, disponibles en boutiques spécialisées, ou de sites Internet, qui recensent les coordonnées des principaux acteurs de la scène, classées en fonction de leur lieu de résidence.

Au fil de nos entretiens se précisait également le rôle joué par le multipartenariat. Il permet en effet de rencontrer des personnes ayant des pratiques différentes et ainsi d'élargir son réseau de relations et par là même son éventail de pratiques. Ainsi « A » nous explique que « souvent dans le *hard*, on pratique le multipartenariat, donc qui dit multipartenariat dit multiples facettes, des gens qui se réunissent avec des points communs, par exemple le fist, le *bondage*, et que personne ne pratique exclusivement […]. Et donc de là, en discutant, […] les gens ils se disent : « tu pratiques ça, moi aussi » et puis tu rencontres d'autres personnes et ainsi de suite donc c'est l'effet pyramidal où tu es amené à rencontrer de plus en plus de personnes qui ont de plus en plus de pratiques diverses, et puis c'est comme ça que tu découvres ». Ce à quoi il ajoute : « …quelque part quand on dit : « le multipartenariat c'est dégueulasse c'est patati patata », quelque part c'est un peu comme les compagnons de la route, enfin les compagnons du travail, ils passent de patron en patron pour affiner et rendre plus efficace leur technique de travail, eh bien dans le SM c'est pareil, quand tu passes d'une soirée à l'autre dans des mains différentes, […] tu affines ta technique. »

Toutefois, si on peut relativement facilement se trouver dans la périphérie d'un réseau, parfois même sans le savoir, on ne l'infiltre pas pour autant à sa guise. C'est le réseau qui choisit ses membres et non l'inverse. « Des fois, il est juste devant ton nez mais tu le vois pas. Parce que souvent, c'est pas toi qui trouves le réseau, c'est le réseau qui te trouve. Parce que justement, tu rencontres certainement des gens, dans les lieux que tu fréquentes… Parce que t'es attiré par ces lieux-là, et les gens t'observent. Et quand ils sont entrés dans un réseau, ils le gardent jalousement, parce que pour eux c'est un trésor, c'est un trésor de plaisir. Donc, ils ne vont pas y faire rentrer n'importe qui, n'importe quel gugus qui va passer. Donc ils vont te tâter, et puis ils vont dire dans le réseau : « Tiens je vais te montrer un mec, ou une nénette, super. » Et les autres posent des questions : « Elle est comment et nanana ? Qu'est-ce que tu sens ? » Il va te servir de parrain dans le réseau. C'est comme ça que ça se passe. C'est souvent quelqu'un qui fait déjà partie qui va te dire : « Est-ce que ça t'intéresserait de rencontrer ? » [...] Et puis tu seras amené à faire pareil. » L'intégration dans certains réseaux de relations relève en ce sens de la cooptation, c'est le réseau qui prend contact avec une personne de l'extérieur. Les membres des réseaux de relations SM recrutent parfois leurs nouveaux partenaires dans d'autres milieux *hard*, notamment le milieu échangiste. Nous en trouvons un exemple chez Welzer-Lang dont l'un des témoins lui répond : « j'ai été invité l'autre jour par ce fameux couple, J-P... et M... Moi, ce sont des gens que je ne vois que dans ces soirées-là et qui m'ont invité à une soirée privée chez eux. Mais, je crois pas que ça se soit fait du jour au lendemain, à une première rencontre les gens vont pas échanger leur numéro de téléphone en disant : on se revoit. Ou alors à moins qu'il y ait vraiment un gros truc qui se soit passé. Mais je pense que c'est rare. Mais il y a une forme de... de respect, si tu veux, du couple en face, de l'individualité de l'autre. Quand tu t'es rencontré une fois, deux fois, trois fois, que tu as fait connaissance d'une façon différente, après il y a une forme de confiance qui s'instaure et tu sais que tu peux aller plus loin. »[1] Le même témoin confirme qu'être introduit dans un réseau de relations par un membre est un gage de confiance autant envers le nouveau venu qu'envers celui qui le présente au groupe. Aussi déclare-t-il : « je pense que si j'arrive demain avec quelqu'un d'autre, a priori, ça ne poserait pas de problèmes, on me connaît, on m'a vu une fois, deux fois, trois fois, dix fois, on sait ce que je suis, bon, pas de problème. Je pense que je pourrais y rentrer. »[2]

---

[1] WELZER-LANG D., *La gestion polygame du désir : l'échangisme, entre commerce du sexe et utopie*, Rapport à l'Agence nationale de recherche sur le sida et à la commission européenne (DGV), Équipe Simone, Université Toulouse Le Mirail, s. e., 1997.
[2] *Idem.*

## *Les premiers pas*

Les premiers pas d'un novice en soirée ne sont pas forcément des plus aisés en raison notamment de la confrontation avec la réalité de la pratique et ce malgré une proximité intellectuelle. « I » nous permet de le comprendre quand il nous confie : « j'ai fait des soirées fist, enfin la première que j'ai faite, je suis parti rapidement parce que plus j'en voyais plus ça me mettait mal à l'aise quoi, parce que j'avais pas l'impression d'être capable de faire ce que faisaient les autres, alors que j'aurais pu le faire, parce que ça m'excitait pas, [...] tous les gens qui étaient là pratiquaient depuis longtemps donc avec une aisance et une… En se montrant, en étalant un peu, c'était pas du tout pour me mettre à l'aise alors qu'en fait y avait pas de volonté délibérée évidemment de me mettre mal à l'aise, c'était pas ça, mais c'était des gens qui étaient à un autre rythme quoi. » Nous voyons bien ici le trouble issu de la présence de sadomasochistes confirmés, pouvant donner l'impression, non seulement de ne pas être à la hauteur, mais également de déranger. « I » s'est posé ce type de question et nous raconte : « De toute façon ça se voit que t'es novice et à partir du moment où tu te poses la question de savoir si tu vas déranger, ça veut dire que tu vas être accepté parce que tu vas faire attention, donc les gens vont voir que t'es pas très à l'aise donc ils vont avoir envie de te mettre à l'aise, donc ils vont te faire encore plus volontiers une place pour que tu voies, que tu découvres, éventuellement te faire essayer et puis voilà quoi. » Nous devons bien convenir avoir nous-même éprouvé cette gêne lors de nos premières observations, mais celle-ci s'estompa rapidement au point d'ailleurs que nous nous sommes surpris à nos sentir plutôt à l'aise dans cette *hardroom* qui nous était pourtant bien peu familière auparavant. Partant du principe que les adeptes confirmés ressentent la gêne du novice, « A » nous conseille, afin de bien s'intégrer dans une soirée, de prendre son temps et de se « fondre » dans l'ambiance afin de favoriser la prise de contact. Ainsi, « on lui dit, même s'il participe pas, de se mettre dans l'ambiance, ça veut dire que si tout le monde est à poil, tu te fous à poil. Et là tu vas rester dans ton coin, les gens vont savoir que t'es débutant, et puis faut pas rester habillé parce que tu vas faire tache et ça va gêner les autres. Et puis au bout d'un certain temps, au bout de la soirée, tu vas discuter avec les autres, puis les gens savent bien pourquoi t'es là alors ils vont y aller doucement, ça va être câlin plutôt qu'autre chose, et au bout de la deuxième ou troisième fois ben tu vas rentrer dans le truc quoi. » Sinon, s'agissant de « mettre la main à la patte », « I » nous explique que : « Y en a que ça dérange pas, ça dépend des expériences, y en a qui vont te dire, [...] : « ben de toute façon t'y vas, tu mets une main, si on te repousse pas tu peux continuer, puis si ils te repoussent, ben t'insistes pas quoi ». C'est vrai que c'est la règle de base, c'est le bon sens quoi […]. Sur le tas, faut pas hésiter à demander quoi. Avec un minimum de bon sens tu vois quand les gens sont disponibles. » Nous avons nous-même assisté à ces négociations tantôt tacites, tantôt explicites. Et il nous paraît clair aujourd'hui que certains préjugés concernant le *hard* et le SM voleraient en éclats si ceux qui les véhiculent avaient conscience de la réalité de ces négociations et du consentement mutuel de chaque partenaire.

D'une manière générale et au vu de notre propre expérience, nous pouvons affirmer que le nouveau venu est plutôt bien accueilli. Les acteurs de ces mises en scène que nous avons pu interroger après coup répondaient sans problème à nos questions avec à la fois beaucoup de sympathie et de pédagogie, leur attitude tranchant nettement avec le rôle qu'ils interprétaient à peine quelques minutes plus tôt. Par contre, la venue d'un « transfuge » d'un autre groupe peut générer des tensions, notamment si celui-ci tente d'imposer ses pratiques ou sa vision de ce qui relève du *hard* et du SM. La confrontation au sein d'un groupe peut d'ailleurs mener, sinon à la destruction du groupe, du moins au départ de certains membres, comme cela nous fut raconté. Une scission s'est en fait opérée entre ceux qui souhaitaient profiter de l'expérience du nouveau venu pour élargir leur éventail de pratiques et ceux, plus « réactionnaires », qui supportaient mal de voir leur conception du *hard* et du SM remise en cause.

## II-Une trajectoire dans la déviance

Ce qui a retenu notre attention dans le masochisme est avant tout, nous y reviendrons, sa dimension initiatique. Le SM et le *hard* sont en effet souvent vécus comme une sorte de parcours au terme duquel on sort « grandi », ayant franchi toutes les étapes avec succès, réussi à dépasser ses limites et, ce faisant, appris à mieux se connaître soi-même. L'apprentissage est par essence même une clé essentielle de la compréhension du masochisme comme processus et comme relation sociale. Étant donné que nous aurons l'occasion de revenir sur les dimensions intellectuelles et initiatiques du *hard* et du SM, nous nous intéresserons ici à cet aspect de l'apprentissage SM qui s'articule autour des notions de risque et de limite.

## A-Des pratiques à risque qui rendent un apprentissage nécessaire

Becker distingue différentes phases dans la vie d'un déviant et nous pouvons faire un parallèle entre les fumeurs de marijuana qu'il a étudiés et les sadomasochistes. Concernant l'apprentissage des techniques, nous retrouvons la même exigence dans le sadomasochisme, qu'il s'agisse du *bondage*, du *branding* ou des pratiques exigeant du matériel médical. Dans le cas de la marijuana, il s'agit ensuite d'en percevoir les effets et d'apprendre à en éprouver du plaisir. Il en est de même pour le sadomasochisme, dans le cas, par exemple, d'un néophyte par rapport à une pratique ou lorsque l'un des membres du couple doit jouer l'un ou l'autre rôle pour satisfaire les fantasmes de son partenaire alors que ce ne sont pas forcément les siens à l'origine. Il s'agit ensuite d'élaborer tout un corpus d'idées destinées à légitimer sa pratique déviante, non seulement à ses propres yeux, mais également à ceux des autres. Ceci est particulièrement visible lorsque Duriès parle d'ailleurs du sadomasochisme comme d'« une philosophie », d'« un mode de vie idéal ». Nous exposerons plus loin les différents aspects et implications de cette « philosophie SM » telle qu'elle nous fut présentée par nos témoins.

Pour toutes ces raisons, le SM et le masochisme sont donc des parcours vers et au sein de la déviance. Toutefois, et plus concrètement, les pratiques *hard* nécessitent un apprentissage avant tout en raison des risques que certaines d'entre elles supposent.

## Des pratiques à risques

Notons tout d'abord que le mot même « excitation » vient de *citare* signifiant « mettre en mouvement ». Or, dans le domaine de l'érotisme, cette mise en mouvement suppose la possibilité d'un échec qui est elle-même excitante. Les pratiques *hard* et sadomasochistes sont loin d'être innocentes, point n'est besoin d'être un fin observateur pour s'en rendre compte. Elles comportent des risques tant en ce qui concerne l'intégrité physique que morale[1] de ceux qui s'y adonnent. C'est d'ailleurs en grande partie ce qui les rend attrayantes, excitantes. Sans oublier les risques inhérents à toutes pratiques sexuelles, notamment tout ce qui concerne la transmission de maladies et les risques d'infection, nous nous limiterons toutefois ici aux risques plus spécifiques au *hard* en général et au SM en particulier. « Tu n'abordes pas le corps de la même manière dans un rapport classique, nous explique en effet « A », t'as pas le même contact, tu vas pas chercher la même chose. La corde ou la pince, la pince à linge, tu peux pas la mettre partout, y a des endroits où ça va faire très mal […] tu peux pas te lancer dans une pratique nouvelle si tu sais pas comment t'y prendre, c'est le meilleur moyen de faire des conneries, de blesser... ». Le *fist fucking* par exemple, s'il est exécuté trop vite, peut provoquer de vives douleurs chez celui qui le subit dans la mesure où le corps n'aura pas eu le temps de s'adapter.

---

[1] Celui-ci relève du sentiment de culpabilité issu de la transgression des interdits.

Le risque peut également résider, non pas dans la pratique, mais dans sa mise en scène, d'autant plus si elle suppose que tous les participants ne sont pas au courant de ce qui doit se passer. Ainsi, Jeanne de Berg raconte : « Brusquement, je lève le couteau à l'aplomb du coussin et l'abat brutalement dans le triangle d'ombre entre ses cuisses ouvertes ; les cuisses frémissent et se referment dans un instinctif mouvement de protection. Elles se referment à peine... mais c'est déjà trop... c'est déjà trop tard... Le couteau plonge et ressort, vertical, d'un coup. Dans le tremblotement des bougies, je regarde la lame. Elle est ensanglantée jusqu'au manche : elle a traversé la cuisse de part en part. »[1] Suite à cet incident, l'auteur a d'ailleurs envisagé de renoncer à ses pratiques *hard*.

Un autre danger vient des rencontres faites par petites annonces, écrites ou télématiques. En effet, des personnes véritablement sadiques peuvent se faire passer pour des sadochistes. C'est pourquoi les sadomasochistes avertis prennent leurs précautions. Certains refusent par exemple de donner leur téléphone mais exigent si possible celui de leur interlocuteur. D'autres encore laissent à un proche l'adresse où ils se rendent. Ce type de risque est à l'origine du succès des clubs qui permettent un contrôle plus étroit sur la vie du groupe. Pourtant, les soirées en clubs ne sont pas non plus exemptes de risques. Certains peuvent malgré tout perdre le contrôle d'eux-mêmes, ce qui n'est pas sans conséquences pour celui qui subit comme pour celui qui n'a pas su s'arrêter. Aussi en soirée, il « y en a toujours un ou deux qui sont pas là pour surveiller, qui sont là pour veiller à la bonne marche du groupe et des individus, et puis quand ils voient qu'il y en a un qui débloque, tu peux être sûr que s'il débloque dans

---

[1] DE BERG., *Cérémonies de femmes*, Grasset, Paris, 1986, p. 186.

un groupe c'est qu'il débloque très bien chez lui tout seul et qu'il représente un danger potentiel, donc il sera mis à l'index ou écarté, quitte à le faire revenir plus tard, ça s'est déjà fait, mais euh... C'est vrai que quelque part c'est une sécurité. » Un des principaux risques inhérents au SM est donc finalement qu'un des participants se prenne au jeu au point d'en oublier que ce n'est qu'un jeu.

Enfin, aussi évident que cela paraît, il ne faut pas négliger que l'automasochisme comporte une grande part de risque. En effet, en cas d'accident, personne ne peut lui venir en aide. Maîtresse Françoise rapporte d'ailleurs, à propos d'un de ses soumis dont le fantasme est de se faire noyer par sa maîtresse, que « c'est en théâtralisant, seul, son imaginaire, qu'il a failli une fois, réellement, se noyer. »[1]

## *Un apprentissage théorique et pratique*

Le sadomasochisme supposant certains risques, il est important que le novice soit pris en charge par une personne plus expérimentée. C'est d'ailleurs une des fonctions des clubs et associations que de permettre d'échanger des techniques et des ressentis. Cette dimension pédagogique est l'occasion de rappeler que le sadomasochisme est profondément enraciné dans le rapport à l'autre, dans l'échange. Nous aurons l'occasion d'y revenir.

Avoir des pratiques *hard* implique donc un apprentissage de ces pratiques passant par un apprentissage théorique préalable. « A » nous raconte comment son apprentissage personnel débuta justement par cette phase : « On

---

[1] FOUCAULT A., *Françoise maîtresse, op. cit.*, p. 127.

n'a parlé que du piercing, pourquoi le piercing, d'abord c'est un bijou, puis c'est aussi une philosophie, dans l'art du corps, comme le tatouage euh... Beaucoup plus tard on a parlé notamment du fer rouge, de la scarification, mais pas tout de suite, il y a tout de même été avec tact et pédagogie euh... Et euh donc il m'a parlé de tout ça et comme on allait régulièrement chez lui c'est là que j'ai vu que chez lui y avait un sling, donc le hamac en cuir qui était plié et rangé dans un tiroir, donc je l'ai sorti, j'ai dit : « c'est quoi ça ? », alors il m'a montré comment l'installer, à quoi ça servait, donc j'ai eu beaucoup de cours de théorie avant de passer à la pratique. Donc quelque part j'avais la grosse tête, enfin pas la grosse tête dans le mauvais sens du terme, j'avais des connaissances mais une appréhension monstre avant de les mettre en application. » Néanmoins, cet apprentissage théorique n'est pas suffisant parce qu'il ne supprime pas les tensions que génère la perspective d'une confrontation *de visu* à ce type de pratiques. Il est plus facile de concevoir que de voir, tel fut d'ailleurs notre sentiment lors de nos premières observations.

Nous avons pu constater que la moyenne d'âge des hardeurs est relativement élevée. C'est en partie selon nous parce que ce type de pratiques et de schèmes de pensée est le fruit d'un cheminement intellectuel pouvant être long. « Le sadomasochisme, pouvons-nous lire, n'est pas fait pour des gamins, c'est fait pour des gens qui ont eu un parcours, donc des adultes. Les amours extrêmes ne sont pas des modes de consommation ordinaires et innocents parce que l'on touche à l'indicible, on touche au noyau obscur qui est une des composantes de base de notre personnalité et, pour l'approcher, il y a tout un parcours initiatique qui doit déboucher sur le plaisir. Si le jeu débouche sur le drame, c'est qu'il ne faut pas le faire, et pour le savoir il faut explorer petit à petit et avoir le courage de son désir tout en restant logique avec soi-même. Il n'est pas question de rentrer d'emblée dans une séance sadomasochiste, le but du jeu n'est pas de se démolir, mais de se construire suite à une attente personnelle, de se reconnaître, d'explorer ses abîmes pour en ressortir plus fort. »[1] C'est sans doute la conscience de ces risques potentiels qui explique qu'« A » n'a rien fait lors de sa première soirée *hard*. Il nous raconte en effet : « Et là, moi, j'ai rien fait du tout parce que j'ai observé et j'étais scotché. J'ai vu des trucs que j'avais jamais vus, style un mec sur un sling en train de se faire gauler par des godes, mes aïeux [...] j'en n'avais jamais vu d'aussi gros, alors que maintenant je sais que c'est pas les plus gros euh… Un mec après se faire fister, mes aïeux comment il fait ? ! Euh, je savais pas euh… Un mec qui se recevait des tonnes, enfin pour moi à l'époque ça paraissait des tonnes, de cire liquide sur la gueule, enfin pas sur la gueule mais sur le torse, le dos et sur les couilles, et mes aïeux moi ça faisait mal rien qu'à le voir lui ça lui faisait du bien apparemment, euh… Donc j'ai vu, j'étais spectateur de telles choses alors que c'est vrai que là j'étais confronté à ce que je savais en théorie, et là l'image en vrai quoi […] Et puis y avait des gars qui sont venus m'aguicher, je pouvais rien faire du tout, non non non merci (en riant) […] et puis donc j'ai regardé et puis j'ai été réinvité une autre fois pareil, chez la même personne, donc le *hard* j'ai fait un peu joujou, c'est moi qui ai godé, c'est moi qui ai attaché, le *bondage* c'est là que j'ai appris et puis j'ai adoré ». Ainsi, le parcours dans le *hard* se fait progressivement et « A » se félicite d'avoir eu de « bons professeurs ». Il estime en effet avoir eu « la chance, le privilège de tomber dans des mains dites expertes […] qui

---

[1] COUSIN P. *in* LALLIER L., « L'amour différent », *D-Side*, novembre/décembre 2000, numéro 1, p. 38.

n'ont ni forcé la chose, ni fait des choses, dès le départ, qui pouvaient être... Qu'ils jugeaient traumatisantes pour un débutant. Donc ça a commencé, je me souviens, c'était les petits *bondage*s... C'était... Tiens on va essayer de jouer avec des bougies... On va essayer les pinces à seins alors là dès le départ j'ai dit non (rire) pas toutouche. Maintenant oui, mais à l'époque non. »

Nous pouvons donc d'ores et déjà tirer une conclusion du rapport qu'entretient le masochiste avec le risque. En effet, s'il s'adjoint le concours d'un sadochiste et non d'un sadique, c'est précisément parce que le risque, dans le SM, est mesuré et contrôlé et parce que le sadochiste respectera à la lettre le script établi par le masochiste.

### *Être à l'écoute de ses sensations*

Le meilleur moyen d'éviter toute situation critique consiste à prêter une grande attention aux réactions de son partenaire et à savoir les interpréter correctement. « I » raconte avoir fisté « quelqu'un qui, au moment où il était excité, contractait son intestin alors que j'avais pu rencontrer des gens pour qui c'était l'inverse, alors j'avais l'impression que je lui faisais mal parce qu'il se contractait alors que cela lui faisait du bien, donc c'est tout un tas de trucs qu'il faut enregistrer ». Ceci passe concrètement par l'élaboration d'une sorte de contrat – tacite, oral ou écrit – entre les partenaires qui se manifeste le plus souvent par l'emploi d'un mot-code signifiant l'arrêt du jeu. Si celui-ci n'est pas respecté, on quitte alors le domaine du jeu et le sadochiste se rend coupable d'une agression, voire d'un viol.

Pour « A », le meilleur moyen qu'a un dominant de comprendre et de savoir interpréter les réactions du dominé est d'avoir été dominé lui-même. Il s'agit pour lui d'expérimenter ce qu'il va infliger à autrui et ainsi de savoir ce qu'il ressent et, par conséquent, quelles sont les limites à ne pas dépasser. Cette étape est conseillée mais pas obligatoire et en aucun cas, insiste-t-il, il ne s'agit pour le sadochiste de renoncer à sa position ni d'aller contre sa nature. Une domina va dans le même sens et se souvient de quelques expériences avec des clients durant lesquelles elle jouait le rôle de la soumise : « Je voulais connaître ça au moins une fois »[1]. Le personnage sadochiste du roman *S.M.* déclare lui aussi avoir connu la condition d'esclave. Et au fil du roman en effet, son soumis s'enhardit et lui fait part de son envie d'avoir, lui aussi, un esclave. Toutefois, il ne renonce en rien à sa propre servitude. Dans le cadre de sa sexualité, il cherche ainsi à s'insérer dans une hiérarchie semblable à celle dans laquelle il se trouve dans la vie courante, c'est-à-dire qu'il cherche à avoir quelqu'un au-dessus de lui et quelqu'un au-dessous. Nous sommes bel et bien, dans ce roman, dans une hiérarchie déresponsabilisante telle qu'elle est mise en évidence par Milgram, d'autant plus que le maître s'arroge un droit d'ingérence dans les modalités de la domination pratiquée par son esclave sur son propre esclave.

Cette nécessité d'être à l'écoute de son partenaire et de ses ressentis enracine le fait que la relation SM est avant tout basée sur le consentement, l'échange et le respect.

---

[1] UNGERER T., *S.M.*, *op. cit.*, p. 57.

## B-De la surenchère et de la limite

Le masochisme est une trajectoire dans la déviance en raison de l'apprentissage que les risques inhérents à certaines pratiques rendent nécessaire. Or, ces risques augmentent également du fait des sadomasochistes eux-mêmes dès lors qu'ils sont animés par la volonté de repousser leurs limites qui se traduit par une surenchère dans les pratiques.

### *De la limite*

Toutes ces réflexions sur les risques que supposent les pratiques sadomasochistes, ainsi que la phase d'apprentissage qu'elles rendent nécessaire, nous amènent à considérer le sadomasochisme comme un jeu avec la limite. Mais il s'agit cependant de s'entendre quant à sa nature. Or, celle-ci est plurielle. Qu'elle soit physique ou psychologique, la limite est avant toute chose une question d'individu. C'est ce que nous permet de comprendre « A » lorsqu'il nous dit que « chacun a ses limites, et ces limites sont d'ordre divers et varié, ça peut être dans l'intensité, ça peut être dans la diversité, ça peut être dans le temps, dans l'intensité très très très haute mais à très court terme, d'autres plus faibles, mais à très long terme, y en a d'autres qui vont se cantonner à, je dirais, une action, et puis qui vont pas aller plus loin parce que d'abord ça leur dit rien ou alors ils peuvent pas, et puis y en a d'autres qui vont tenter plein de choses. » Pour une de ses connaissances, la limite est la durée : « à la dernière action de CHAINE, il y a un an, déjà, y a un mec qui a tout goûté, tout ce qui était pratiqué dans l'instant dans le groupe, il est passé par tout. Il a fait du *bondage*, de couilles, de queue, de seins euh... Intégral, il s'est fait fister, il a fisté, il a servi de cobaye pour un uro, il a avalé euh... Il s'est fait enculer, enfin tout ce qui était fait il l'a fait quoi, c'est un goulu sexuel, et euh... Pour avoir discuté avec lui après, la limite, sa limite à lui c'était son ami. Là, il a trouvé un ami, et puis plus rien, parce qu'il est pas dedans. Alors il est frustré, mais il veut pas aller plus loin, mais dans le groupe il disait : « Moi ma limite moi quelque part c'est... Je sais pas. – S'il y avait eu un groupe qui faisait la scarification ? – Ben euh... J'aurais peut-être tenté le coup. » Dans le sens où sa limite c'est pas ça. « Mais alors, est-ce que t'as des limites ? – Ouais, trois jours. » Il est capable de faire ça pendant trois jours, au-delà de trois jours il peut plus. C'est le temps, sa limite, c'est pas l'intensité de la chose, c'est le temps. « Au bout de trois jours je commence à péter les plombs, réellement, je me calme, je prends une douche, je panse mes plaies quelles qu'elles soient et puis je m'en vais. » Il peut même pas rester... Et puis au bout d'une semaine, quinze jours de repos il recommence. C'est pour ça qu'il dit qu'il dure rarement au-delà de deux jours, comme ça il peut réitérer plus souvent. Au bout du troisième, il sait pas si c'est psychologique, physiologique, il peut même pas supporter la vision d'autres mecs en train de baiser. [...] Il sait qu'au bout de trois jours il pète les plombs alors il arrête au bout de deux. Il a appris à gérer. » De plus, à toutes ces limites, s'ajoutent, comme nous l'avons déjà évoqué, celles inhérentes au sentiment de culpabilité issu de la transgression de la norme sociale.

« A » reconnaît que les pratiques *hard* ne sont pas sans danger et que jouer avec la limite n'est pas sans effrayer ceux qui ne sont pas adeptes de ces pratiques. Il nuance ces craintes en nous rappelant que « souvent on dit : « Ah j'ai repoussé mes limites ! » Mais les copains ils te disent : « non, t'as pas repoussé tes limites, c'est que t'as repoussé tes limites conscientes. Les vraies limites, tu les as pas atteintes. Le jour où t'atteindras tes vraies limites tu le sauras, t'iras pas plus loin. » » « I » fait également une distinction entre ses limites et la limite. Et lorsqu'on lui demande s'il a atteint ses limites, il répond : « la limite de mes désirs oui, en quelque sorte. Après je peux pas dire que j'ai atteint la limite dans la mesure où je sais pas tout ce qui peut se faire, mais euh… Je connais plus de choses que je n'en pratique, et y a plein de choses qui m'excitent pas. » Toutefois, si l'on n'outrepasse jamais ses limites, sauf en cas d'accident, on peut par contre les repousser. Dans le cadre de ce jeu visant à repousser ses limites conscientes, la présence de l'autre s'avère là encore indispensable. En effet, « A » nous dit : « tout seul tu vas essayer de repousser tes propres limites mais euh… On s'arrête toujours avant parce qu'on les connaît, alors que l'autre est là justement pour éventuellement les repousser, parce que lui ne connaît pas physiquement ou au degré près tes limites, lui il va peut-être pas aller aux limites mais pousser un peu plus, d'où la nécessité de l'autre. »

Concernant ses propres limites, « A » déclare en connaître certaines ; en matière de goûts il n'exclut pas que ceux-ci évoluent comme c'est le cas, par exemple, pour certains aspects des pratiques urologiques. Concernant les limites liées à sa résistance à la douleur, il estime ne pas les avoir encore atteintes. La principale limite d'« I » relève plutôt de sa difficulté à accorder son excitation au contexte d'une soirée, notamment tout ce qui concerne le « folklore » sadomasochiste. Pour lui, le secret d'une bonne expérience se trouve dans la spontanéité de la relation et de l'excitation que va susciter son partenaire. Il ne se sent pas forcément très à l'aise lors des soirées où l'excitation lui apparaît comme une sorte d'exigence qui, du coup, lui ôte tous ses moyens. La limite, dans cette perspective, est le fruit du contexte dans la mesure où elle va dépendre de l'état d'excitation des partenaires. A titre d'exemple, il se souvient : « Ça m'est arrivé des fois avec « A » de me dire que là OK j'admets, je vais rentrer, je vais me mettre dans le rôle du dominant parce que là il a envie de ça, mais je vais me mettre dans ce rôle avec mes paramètres, sans en parler avant, en me disant : je me mets en condition et euh, la première phrase un peu brutale que je disais il éclatait de rire donc c'était fini quoi, après c'était genre : « bon ben j'ai essayé maintenant laisse tomber, on va faire autrement quoi », parce que c'était pas mon rôle habituel ». Toutefois, ce n'est pas une expérience négative pour lui car « c'est une manière de tester ses limites quoi. C'est vrai que je l'aurais pas fait si y avait pas des demandes, ou si y avait pas eu d'excitation à un moment donné. Après ça permet de cerner les limites. »

Le SM est donc un moyen d'explorer ses propres limites et c'est là d'ailleurs que sa dimension relationnelle prend toute son importance puisque cette exploration va se faire avec et grâce à l'autre. « I », par exemple, nous explique qu'à travers différentes pratiques *hard*, il a ainsi pu mieux cerner le domaine des pratiques qui correspondent à ses désirs tout en se confrontant à des pratiques nouvelles afin d'assouvir sa curiosité. Il se souvient en effet s'être « forcé à faire partie davantage, donc à regarder d'autres pratiques, à éventuellement essayer d'autres pratiques. Et c'est au bout d'un certain temps que la différence s'est faite clairement, c'est que peut-être que je faisais partie de ce groupe, mais euh… Mon champ de pratiques, les pratiques qui m'intéressaient étaient clairement délimités quasiment dès le départ, d'après mon intuition dès le départ je le savais, y a des choses qui m'excitent tout le temps, y a des choses, comme le *fist*, que je ferais de temps en temps mais sans plus.» Dans cette optique, le *hard* apparaît comme un moyen de mieux se connaître soi-même. C'est en effet une volonté consciente de certains sadomasochistes que de vouloir, dans le cadre de leurs pratiques sexuelles, explorer et repousser leurs limites. Cette quête de soi dans et par la sexualité *hard* est, pour certains auteurs, le reflet d'un désir d'éternité, comme si flirter avec la mort sans jamais succomber nous accordait un semblant d'immortalité. Nous reviendrons sur le sens de cette confrontation à la mort.

A des fins synthétiques, nous pouvons donc classer les limites SM selon qu'elles sont fonction des goûts de chacun (intensité ou nature des pratiques), du rapport au sentiment de culpabilité issu de la transgression de la norme, des modalités de la mise en scène dans la mesure où elle suscite une excitation qui va, entre autres, moduler le seuil de tolérance à la douleur ou expliquer par exemple les « réserves » d'« I ». Mais nous pouvons également user d'un second mode de classement prenant en compte la notion de durée. Ainsi, les limites peuvent changer dans le cadre d'une même séance, mais surtout au fil du parcours du sadomasochiste qui explore et repousse ses propres limites.

## *De la surenchère*

Le *hard* est donc à la fois un parcours et le fruit d'un parcours. Il est un parcours sans fin pour ceux qui désirent repousser toujours plus leurs limites. D'autres, à l'inverse, vont s'arrêter à un certain pallier, que ce soit par crainte ou parce qu'ils ne ressentent pas le besoin d'aller plus loin. Ainsi pouvons-nous lire : « ça fait quinze ans qu'on vit ensemble et nous n'avons toujours pas fait le tour des jeux fantasmatiques »[1], ou encore : « Virginie en voulait de plus en plus et je lui en donnais de plus en plus [...]. J'ai déjà vu beaucoup de choses qui m'ont un temps effrayé. Depuis j'ai évolué et je les mets en pratique. Qui sait ce que je ferai demain... »[2] Cette surenchère trouve en grande partie son origine dans la recherche de sensations qui exige que l'on fasse de nouvelles expériences. Mais elle s'enracine également dans une volonté consciente de se dépasser. Pour un client de donjon, « c'est une question aussi de recherche du dépassement, [...] on peut se dépasser dans les actions quotidiennes et on doit apprendre, c'est surtout là que c'est le plus difficile, et puis on peut apprendre à se dominer et à se dépasser dans d'autres actions. »[3]

---

[1] STREFF J., « A la victoire par la défaite », *Discipline*, Eté 2000, numéro 7, p. 43.
[2] CHRISTIN B., MONSCIANI H., HOGAR S., « SM. Y a pas de mal à se faire du bien », *La tribune des swingers*, janvier/février/mars 1999, numéro 3, p. 74-75.
[3] Propos extraits d'un reportage sur France 3.

Durkheim, pour sa part, enracine la surenchère dans l'habitude et ce, même si dans un premier temps, la répétition d'une expérience se traduit par un besoin irrépressible de la revivre encore et encore. Le processus peut en fait être résumé en trois étapes : stabilité – surenchère – repos. La phase de stabilité correspond donc à ce stade où la pratique ne procure pas encore l'ennui. Puis, lorsque l'on s'y est habitué et qu'elle ne procure plus de satisfaction suffisante, vient une phase de surenchère, correspondant à l'intensification ou l'apprentissage d'une nouvelle pratique. La phase de repos permet aux sadomasochistes de se remettre de leurs émotions, tout en rallongeant la période de stabilité. C'est également un moyen de maintenir le désir et la satisfaction que procure la pratique tout en préservant un nécessaire sentiment de frustration.

Le processus de surenchère ainsi présenté peut également s'effectuer dans le passage d'une succession de séances SM à une relation SM permanente. Un couple interrogé dans *La tribune des swingers* attire notre attention car il illustre bien ce passage d'une relation de domination par intermittence à une relation de domination permanente. Leur relation débute en effet par « un contrat classique dans ce domaine. Par exemple l'interdiction pour Virginie de me parler lors de soirées SM, de me regarder dans les yeux, de manger à ma table [...]. Des choses somme toute banales pour un début »[1] qui ne concernent que l'espace-temps bien défini des soirées et non la vie quotidienne. Puis, alors qu'ils ne vivent leur relation sadomasochiste que le week-end, Christophe remarque que sa compagne « n'avait qu'une hâte c'était que le week-end ar-

---

[1] CHRISTIN B., MONSCIANI H., HOGAR S., « SM. Y a pas de mal à se faire du bien », *La tribune des swingers*, janvier/février/mars 1999, numéro 3, p. 74.

rive le plus vite possible […] j'avais l'impression de l'ennuyer en semaine. »[1] De fait, petit à petit, les choses ont évolué et, au moment de l'entretien, cela fait deux ans qu'elle « vit sa condition d'esclave physiquement 24 heures sur 24. J'ai fait tatouer sur son épaule une paire de menottes entourée de mon prénom et du numéro 17858. Il s'agit de son numéro d'esclave. En permanence, elle porte un collier métallique qu'elle cache par un foulard ou un col roulé, suivant les saisons. »[2]

Cependant, « A » nous invite à nuancer de tels propos et émet un doute considérable concernant la domination 24 heures sur 24. Celle-ci, d'après lui, ne saurait se prolonger trop longtemps. Prenant l'exemple de certains couples de sa connaissance, il nous explique que cela ne peut durer que quelques jours, pour des raisons d'ordre psychologique, mais également et avant tout d'ordre social et professionnel. Une telle relation ne s'envisagerait donc que dans le cadre d'un processus alternant périodes d'activité et périodes de repos, le temps pour le corps et l'esprit de se reposer, de panser ses blessures. D'ailleurs, le contrat passé entre Fanny de Pistor et Sacher-Masoch stipule que les six mois de servitude ne doivent pas se suivre. Ils peuvent au contraire connaître de « grandes interruptions ». Nous pouvons alors nous demander si les relations permanentes décrites dans les magazines spécialisés ne sont pas plus le reflet d'un fantasme que d'une réalité.

---

[1] *Idem*, p. 74.
[2] *Ibid.*, pp. 74-75.

# UN RAPPORT SPÉCIFIQUE AU POUVOIR ET A LA DOMINATION

*« Le pouvoir s'exerce d'en haut mais il vient d'en bas. »*[1]

Le masochisme s'inscrit dans la déviance telle que la définit Becker non seulement parce que ses formes diffèrent de celles relevant de la sexualité considérée classique, mais aussi par le rapport au pouvoir et à la domination qu'il suppose. Ainsi, une relation SM étant par définition, par vocation même, une relation de domination et de pouvoir, il s'agira pour nous alors de comprendre comment se construit et fonctionne cette relation. Nous montrerons que la réalité de la distribution de l'exercice du pouvoir est plus complexe que les apparences ne le laissent penser. Nous en profiterons également pour étudier le SM à travers le prisme de la domination masculine étant donné que celle-ci explique les différences entre les SM hétérosexuel et homosexuel. Ceci nous conduira par la suite à nous interroger quant au caractère subversif du SM en la matière. Mais commençons tout d'abord par définir les termes.

---
[1] SCHNEIDER M., *Big Mother. Psychopathologie de la vie politique*, Odile Jacob, Paris, 2002, p. 299.

# I-De la domination et du pouvoir

## A-Définitions

D'après Foucault, c'est une erreur de considérer le pouvoir comme une instance indépendante des individus qu'il réprime. Le pouvoir est le produit d'une relation entre individus dont les schèmes de pensée sont eux-mêmes le fruit de rapports de domination antérieurs. Chaque individu est en effet soumis à un autre, puisqu'il vit dans une société hiérarchisée, et en fin de compte tous le sont aux valeurs et aux normes de cette dernière. La domination est donc avant tout une structure globale de pouvoir dont les significations et les conséquences peuvent prendre racine dans le tissu le plus infime de la société. Dans une telle perspective, exercer un pouvoir revient à agir sur l'action de l'autre. Mais si les relations de pouvoir sont partout dans la société, cette dernière ne peut toutefois pas se réduire à un seul et simple canevas de relations de pouvoir.

Le pouvoir n'est pourtant pas qu'une structure englobant l'individu. Il naît et renaît en permanence des relations interindividuelles. Trouvant ses racines dans l'interaction, on ne peut finalement jamais l'acquérir définitivement mais seulement l'exercer dans un contexte et à des conditions données. L'exercice du pouvoir n'est donc que temporaire, on n'en est que le dépositaire, voire l'instrument. Ceci explique en partie pourquoi son exercice n'est possible qu'avec le consentement de ceux sur qui il s'exerce. Celui-ci peut en effet être le produit de la tradition, de l'habitude et se transformer au fil du temps puisqu'agir sur une partie de celui-ci a des répercussions sur tout l'ensemble. Ainsi, étant en permanence dans des rapports de pouvoir, il demeure possible de changer l'équilibre des forces au sein d'une relation de pouvoir ou même de jouer un rôle différent dans le cadre de telle ou telle relation.

Le Goff distingue le pouvoir de la domination. Pour lui, la domination suppose un rapport de servitude s'exerçant par la violence ou la manipulation, alors qu'il reconnaît au pouvoir une dimension institutionnelle et fonctionnelle. Le pouvoir peut donc être compris comme étant l'incarnation de la collectivité se dotant des outils nécessaires – notamment la sanction – au maintien de l'ordre et à la réalisation des intérêts du groupe. Pour Bourdieu également, la domination siège non pas au sein d'une classe sociale prédestinée mais dans l'interaction entre les classes. Elle tisse ainsi un réseau de contraintes s'imposant autant à ceux qui exercent une domination qu'à ceux sur qui elle s'exerce.

Pour ce qui est de savoir si le sadomasochisme est une relation de pouvoir ou de domination, il convient de noter qu'il comporte certaines caractéristiques de la domination puisqu'il s'agit d'une relation de servitude – certes simulée et volontaire – qui s'exerce par la violence et/ou la manipulation, même si chaque partenaire est consentant. Mais il comporte également certains traits typiques de la relation de pouvoir dès lors que nous l'envisageons comme un processus, une structure dynamique. De même, la relation sadomasochiste est l'incarnation d'une collectivité, ou encore le produit d'une interaction, qui se dote des outils nécessaires à la poursuite de ses buts et au maintien d'un ordre nécessaire.

## B-De l'exercice du pouvoir

Si on en critique certains aspects, on ne remet finalement jamais en cause ni l'existence, ni le principe même du pouvoir. Or, celui-ci reste supportable parce que la plus grande partie de son fonctionnement est cachée. C'est d'ailleurs de là qu'il tire la plus grande part de son efficacité. Ceci trouve son origine dans le fait que, dans nos sociétés, le pouvoir est perçu comme une limite extérieure. La société féodale, par exemple, soumet chaque seigneur à un autre venant d'un autre territoire et ainsi de suite jusqu'au roi. De fait, la relation de pouvoir est perçue comme mettant toujours en scène quelqu'un venant de l'extérieur.

La Boétie prend l'exemple de Cyrus face à la ville de Lydie pour décrire comment la consommation de masse par exemple peut être l'outil d'un exercice discret du pouvoir. Ainsi, Cyrus ne souhaite ni détruire la ville, ni y maintenir une garnison. Il y établit alors des tavernes, organise des jeux publics, dans lesquels les Lydiens noient toute velléité de révolte. L'exercice du pouvoir est donc d'autant plus aisé et efficace qu'il porte le masque d'une certaine largesse. Et le peuple de Rome se souvient de Néron comme de l'empereur qui donne des jeux et des banquets – *panem et circenses.* Les empereurs romains ont d'ailleurs l'habitude de prendre le titre de tribun de la plèbe pour s'attirer la sympathie et les faveurs du peuple. Le gouvernant s'assure ainsi l'obéissance du peuple en l'achetant, ce qui est un moyen de le maintenir dans un état de servitude en utilisant d'autres moyens que la force.

Une forme similaire d'exercice du pouvoir se révèle dans le fonctionnement actuel de l'entreprise. Si le modèle du « petit chef » autoritaire n'a pas totalement disparu, il est toutefois sérieusement remis en question aujourd'hui. Cela se traduit au quotidien par une euphémisation des formes de l'exercice du pouvoir en vue d'une plus grande souplesse et d'une plus grande efficacité. L'efficacité de ce nouveau principe est particulièrement visible dans le cas, par exemple, d'un responsable de projet dont la fonction ne consiste plus à commander mais à coordonner l'action collective.

Cet exercice discret du pouvoir a pour fonction sur le plan politique de laisser à ceux sur qui il s'applique l'illusion d'être libres. Ainsi pour Platon, c'est « à une quantité considérable de mensonges et de tromperies que nos dirigeants risquent de devoir recourir dans l'intérêt de ceux qui sont dirigés. »[1] L'individu est alors pensé par l'État qui décide quelle perception de la liberté il doit avoir. Concernant l'enseignement par exemple, Platon considère que l'apprentissage sous la contrainte est celui des esclaves et qu'il vaut mieux procéder par le jeu pour enseigner aux jeunes enfants libres car les individus sont plus réceptifs quand ils ont l'impression d'être libres de leur choix.

Foucault montre toutefois que le pouvoir ne comporte pas que des aspects négatifs et ne se limite pas à des interdictions. Il peut en effet être créateur, notamment en matière de sexualité, puisqu'il fournit des cadres permettant la création. Le SM devient alors l'érotisation du pouvoir qu'il détourne de son but. On peut d'ailleurs établir un parallèle entre les jeux de pouvoir et les jeux pré-coïtaux. Nous retrouvons dans l'un comme dans l'autre ce caractère typiquement masochiste voulant qu'on repousse le moment de la jouissance. De plus, on jouit de l'exercice du pouvoir

---

[1] PLATON, *La République*, GF Flammarion, Paris, 2002, p. 277.

pendant son déroulement, indépendamment de l'objet sur lequel il s'exerce : la fin se confond avec les moyens, ce qui est une des étapes cruciales du masochisme en tant que processus sociologique. Les jeux de pouvoir sont donc l'occasion de l'élaboration de fantasmes à caractère SM dès lors qu'on retire une satisfaction du fait d'être dominant ou dominé. Et la réaffirmation du pouvoir du sadochiste a entre autres fonctions de mieux dissimuler celui du masochiste. D'ailleurs, le pouvoir ne s'exerce que sur un individu libre... d'y échapper. A tout moment, nous le verrons, masochistes et sadochistes peuvent s'y soustraire, refuser de jouer le rôle que l'autre leur a attribué. Ainsi, le masochisme ne peut se réduire à la seule servitude car, si nous prenons cette expression au pied de la lettre, cela supposerait que le masochiste renonce à cette possibilité d'y mettre fin, ce qui n'est pas du tout le cas. L'existence d'une résistance, de la peur ou de la tension est le signe de l'exercice d'un pouvoir, sinon il n'y a plus que l'obéissance totale, la négation de l'individu, ce que Milgram nomme l'état agentique absolu. C'est également en ce sens que le SM est une relation de pouvoir, du fait du caractère agonistique de la relation unissant sadochistes et masochistes.

## II-Le SM comme rapport de domination ambigu

Se basant sur le témoignage d'un couple pour lequel « jamais on ne change [de rôle] durant une séance. [...] [Car] si en plus l'un des deux veut prendre le rôle de l'autre... ça perturbe le charme du jeu »[1], Poutrain en dé-

---
[1] POUTRAIN V., *Sexe et pouvoir. Enquête sur le sadomasochisme*, op. cit., p. 61.

duit l'impossibilité pour un sadomasochiste d'être à la fois dominant et dominé. Il semble qu'elle n'ait pas clairement saisi le caractère actif du masochiste, notamment le fait que celui-ci « fabrique » son dominant, ni la souplesse du processus de changement de rôle au sein d'une séance. Nos propres observations et les témoignages que nous avons recueillis nous invitent à ne pas généraliser de tels propos. Nous pensons plutôt que la relation SM offre un cadre permettant à ces rôles opposés, sinon de fusionner, au moins de cohabiter selon des modalités plus souples que celles proposées et permises par la sociabilité courante.

## A-De l'échange des rôles

Il est souvent reproché au sadomasochisme de valoriser des rapports hiérarchiques figés fondés sur l'inégalité, la privation de liberté et la soumission à ses pulsions[1]. Or, nos propres conclusions confirment celles de Weinberg, Williams et Moser selon lesquelles la distribution des rôles, justement, n'est pas figée. Le SM, de l'extérieur, nous donne effectivement à voir une structure extrêmement rigide où les rôles sont répartis strictement et définitivement, du moins en apparence. De l'intérieur, au contraire, on se rend compte que cette structure est plus souple qu'on peut le croire de prime abord. De même que

---

[1] A titre anecdotique, le jour même de la soutenance de notre thèse, nous avons eu l'occasion de discuter avec une jeune femme qui, bien que revendiquant un fort anticonformisme, déclarait ne pas comprendre le sadomasochisme et ne pouvant que le rejeter au nom de ses valeurs lui interdisant de cautionner toute forme de domination. Manifestement, elle n'a pas perçu le caractère feint et parodique de la domination et de l'exercice du pouvoir dans le SM.

la relation SM est basée sur l'échange, les rôles peuvent s'échanger. La distribution des rôles dans le SM est claire, mais cette clarté n'exclut pas la possibilité d'une redistribution des rôles d'une séance à l'autre, voire au sein d'une même séance. Ainsi, peut-on être soumis dans le cadre d'une pratique ou vis-à-vis d'une personne et dominant dans d'autres cas. De même, le rôle tenu dans la relation SM n'est pas forcément la conséquence de notre rôle et de notre place dans la hiérarchie de la vie courante.

Contrairement aux idées reçues, le masochiste n'acceptera pas toutes les brimades. Il peut ne l'être que dans le cadre de certaines pratiques et il sera même peut-être sadochiste concernant d'autres. Un bon nombre d'exemples nous montrent des cas de personnes étant à la fois dominantes et dominées. Certes, il y a une répartition des rôles, mais il demeure toujours possible de changer d'une séance à l'autre ou dans le cadre de la même, en fonction du partenaire ou d'une pratique spécifique.

Comment dès lors expliquer, d'une part, cette souplesse dans la distribution des rôles et, d'autre part, l'envie même de changer de rôle alors même que tout porte à nous faire croire que les instincts, les pulsions les plus primaires du sadomasochiste le poussent à respecter le rôle qui lui est/qu'il s'est lui-même attribué ? La réponse à cette question est simple. Hormis les cas relevant de la pathologie, d'une manière générale les deux pulsions coexistent dans un équilibre relatif au sein de chaque individu et l'une ou l'autre sera réactivée en fonction du partenaire et du contexte. D'après Rubin, ce mécanisme est présent dans tous les rapports humains. Commentant les expériences de Milgram, elle met en évidence le fait que la position masochiste occupée par la « victime » est un facteur déclenchant de la pulsion sadique du sujet. La relation d'autorité – soit la rigidité apparente de la distribution des rôles – fait disparaître les barrières morales et la culpabilité pouvant s'opposer à la réalisation des pulsions en la rendant légitime. L'attitude qu'on suscite chez les autres se trouve également être en soi, ce qui renforce cette réaction chez les autres. Miyamoto constate quant à lui l'efficience de ce principe dans l'administration japonaise : « j'eus la faiblesse de m'excuser, ce que je n'aurais pas dû faire. En effet, je devais apprendre plus tard que c'était une erreur de reconnaître qu'on a tort ou qu'on est faible, car les brimades n'iront qu'en s'intensifiant. »[1]

L'échange des rôles montre globalement comment la relation sadomasochiste interroge l'exercice du pouvoir. Le problème est qu'il s'agit d'un pouvoir « gratuit » qui s'exerce pour le seul plaisir de s'exercer et en vue de la satisfaction que cela peut procurer, et non à des fins politiques ou économiques. Il n'est en effet question dans le sadomasochisme que de sexualité et dans ce contexte, tout exercice du pouvoir est considéré comme étant improductif[2]. D'ailleurs la relation sadomasochiste apparaît, aux yeux de certains, comme étant socialement inutile, voire antisociale, précisément parce qu'elle ne s'organise pas autour de l'idée de procréation, de mariage ou de l'amour de Dieu. Le sadomasochisme risque alors non seulement de détourner les velléités d'exercice du pouvoir des buts socialement admis et jugés utiles mais, plus encore, il peut amener les individus à s'interroger sur leur relation au pouvoir, ce qui n'est pas sans risque de générer certaines tensions internes.

Foucault explique la différence entre l'exercice social conventionnel du pouvoir et son exercice dans le

---

[1] MIYAMOTO M., *Japon, société camisole de force*, Picquier poche, Arles, 2001, p. 173.
[2] Abstraction faite de la satisfaction qu'il procure à ceux qui s'y prêtent.

cadre d'une relation sadomasochiste. La structure du pouvoir tel qu'il se manifeste, qu'il s'exerce dans la vie courante est rigide et, de ce fait, la mobilité, les possibilités de changer de position sont réduites et soumises à des conditions extérieures à la volonté de l'individu. Dans une relation sadomasochiste au contraire, le rôle joué dépend des acteurs. La structure est fluide. Non seulement les rôles peuvent changer d'une séance à l'autre, mais également dans le cadre d'une même séance. De plus, là où l'exercice traditionnel du pouvoir n'est une source de plaisir que pour celui qui l'exerce, dans le sadomasochisme les deux partis en présence y trouvent satisfaction. Le sadomasochisme n'est donc pas qu'un simple reflet, une pâle copie de la hiérarchie sociale, il est créateur d'une structure finalement beaucoup plus souple, d'une part, parce que plus restreinte et, d'autre part, parce qu'elle poursuit d'autres buts. Là où la structure hiérarchique et la recherche de l'exercice du pouvoir vont préexister et englober un rapport hétérosexuel classique[1], le SM crée de toutes pièces une structure hiérarchisée au sein de laquelle les individus vont négocier, parfois en temps réel, les conditions de son exercice. Non seulement le pouvoir est érotisé, mais en plus son exercice glisse indifféremment d'un individu à l'autre selon les normes d'un contrat passé entre les partenaires et dans lequel toute tentative d'ingérence politique ou étatique se retrouve sans raison d'être. Le masochisme s'attire donc les foudres de ceux qui exercent le pouvoir et qui n'ont pas envie qu'on « joue » avec. Pour eux en effet, il n'est pas question d'inversion des rôles, et encore moins de plaisir. Imaginons enfin un instant une société fonctionnant selon les principes du sadomasochisme, il suffirait aux dominés

---

[1] A ce titre, la drague peut être assimilée à une forme de prédation. Bourdieu a d'ailleurs montré que le rapport sexuel traditionnel est également un rapport de pouvoir.

et aux exploités de dire « stop » pour que cesse l'oppression, voire même pour que les positions dans la hiérarchie sociale s'inversent. C'est en ce sens que son rapport à l'exercice du pouvoir fait du masochisme une déviance. Une telle conception est sanctionnée négativement par ceux qui se sentent menacés par cette remise en cause de leur conception de l'exercice du pouvoir et qui craignent de s'en voir dépossédés.

## B-Le caractère actif du soumis

La distribution de l'exercice du pouvoir au sein d'une relation SM n'est pas aussi figée que les apparences nous le laissent voir. De même, le masochiste se révèle moins passif que la caricature nous le fait croire. Krafft-Ebing rapporte d'ailleurs les propos suivants : « je ne renonçai point à essayer de transporter dans la réalité mes représentations érotiques, maintenant que le premier pas dans ce sens avait été fait. Je comptais que mon imagination une fois habituée à la nouvelle réalité, je trouverais les éléments nécessaires pour obtenir des effets plus forts. Je cherchais les femmes qui s'appropriaient le mieux à mon dessein et je les instruisais soigneusement de la comédie compliquée que je voulais leur faire jouer. »[1] C'est donc bien le masochiste qui organise la mise en scène qui se veut une transformation de la réalité afin de la faire correspondre à son fantasme. Dans cette perspective, le sado-

---

[1] *In* HEINE M., *Recueil de confessions et observations psychosexuelles*, La Musardine, Paris, 2000, p. 171.

chiste n'est finalement qu'un outil parmi d'autres, il est plus un acteur agi qu'un acteur agissant.

Le masochiste use alors de tous les moyens à sa disposition pour amener son partenaire à créer la situation de gêne conforme à son fantasme et nécessaire à l'obtention de son plaisir. D'une certaine manière, il force autrui à le forcer. L'exemple le plus simple reste encore celui de l'homme expliquant à la prostituée de quelle manière il veut être traité. Aussi paradoxal que cela puisse paraître, le masochiste s'efforce donc activement de se retrouver en situation passive. Il déploie des trésors d'ingéniosité afin d'obtenir ce déplaisir source de plaisir, cet effort pouvant d'ailleurs tenir lieu de préliminaires.

Dans le sadomasochisme, tout est persuasion et éducation. En effet, comme nous l'avons déjà dit, nous ne sommes pas en présence d'un bourreau qui choisit sa victime et en jouit d'autant plus qu'elle n'est pas consentante, mais au contraire en présence d'une victime qui va choisir son bourreau, le persuader, l'éduquer et le former à son fantasme. On pourrait presque dire le dresser, bien que le terme de dressage, dans le vocabulaire sadomasochiste, s'applique au masochiste. Dans *La Vénus à la fourrure*, Séverin passe ainsi un temps considérable à convaincre Wanda, qui tente d'ailleurs longtemps de le ramener à la raison : « J'ai peur de ne pouvoir le faire, mais je veux l'essayer, pour toi mon bien-aimé [...]. Craignez que je n'y prenne goût. »[1] Le masochiste paraît donc éduqué, formé, dressé par son maître alors qu'en fait, c'est lui qui le forme, lui souffle les mots à dire, les actes à accomplir. A travers son bourreau, c'est le masochiste lui-même qui (se) parle. Concernant la force de persuasion que peut déployer un masochiste, son épouse dit de Sacher-Masoch qu'il « pos-

---

[1] *In* DELEUZE G., *Présentation de Sacher-Masoch*, Minuit, collection « arguments », Paris, 1967, p. 21.

sédait une éloquence dangereuse qui empoignait – sans convaincre, et celui qui s'y trouvait exposé à l'improviste était perdu [...] Léopold s'empara facilement de son esprit, et le poussa pas à pas là où il voulait l'avoir. »[1]

Si l'expression de cette tendance peut prendre la forme d'une incitation douce et raffinée, elle peut également être l'occasion de provocations beaucoup plus grossières, lorsque la satisfaction immédiate et directe de son désir ne paraît pas possible. Ainsi, dans de nombreuses lettres adressées à leurs maîtres(ses) par des soumis(es), nous trouvons trace de telles provocations qui ont pour but de les « craquer », de les céder à leurs propres pulsions sadiques, pour le double plaisir de leur désir masochiste et d'avoir le dessus sur le dominant. Un masochiste déclare en effet : « Cela m'amuse beaucoup d'amener des femmes à me traiter de cette manière et, à ma grande surprise, j'ai souvent réussi. »[2] Pour le masochiste, c'est donc une sorte de challenge faisant déjà partie de la mise en scène sadomasochiste, le plaisir étant d'autant plus grand que la personne choisie pour jouer le rôle du dominant est à la base réfractaire à ce type de pratiques. Nous retrouvons ici la volonté du masochiste de manifester son emprise sur le dominant instrumentalisé. C'est donc un défi et une satisfaction supplémentaire que d'avoir réussi à convaincre son partenaire de jouer le rôle qu'il a écrit pour lui.

Des moyens parfois agressifs peuvent même être employés dans le but d'obtenir punition et humiliation. La victime par vocation devient alors persécutrice et son partenaire devient la victime non consentante d'un sadique « pur ». La logique du : « ne fais pas à autrui ce que tu ne voudrais pas qu'on te fasse » est ici renversée et devient :

---

[1] *Ibid.*, p. 264.
[2] HEINE M., *Recueil de confessions et observations psycho-sexuelles*, *op. cit.*, p. 208.

« traites-moi comme je te traite ». Nous sommes en présence d'un paradoxe faisant que, contrairement aux idées reçues, le masochiste est en fait particulièrement impatient, alors même que cette impatience est mise à rude épreuve dans des pratiques comme le *bondage* ou la suspension par lesquelles le masochiste se délecte précisément du délai qui lui est imposé entre son désir et sa satisfaction.

Même si les provocations constituent une preuve de sa dépendance par rapport au sadochiste, dans la mesure où il a besoin de lui comme instrument et témoin de son fantasme, même s'il réussit, par la mise en scène de sa passivité, à nous faire oublier son côté actif, le masochiste est donc bel et bien le responsable de ce qui lui arrive. Non seulement il n'empêche pas le sadisme d'autrui de s'exercer mais, au contraire, il l'incite à le faire. A l'inverse de ce que l'on peut penser, il est partie prenante de son destin et ce qu'il subit n'est pas le signe d'une fatalité sur laquelle il n'a aucune prise. Ce mécanisme par lequel il réveille le sadisme refoulé d'autrui s'enracine dans la volonté de puissance et d'omnipotence du masochiste qui, se présentant comme l'être capable de tout endurer, tout supporter, tout pardonner, préserve par là même le sadochiste de tout sentiment de culpabilité et fait de lui l'instrument de son fantasme. Et comme nous allons le voir, cette volonté de puissance révèle en fait l'orgueil du masochiste.

## C-L'orgueil du soumis

Si le sadochiste est fier d'exercer un pouvoir sur un masochiste docile et soumis, ce dernier, malgré les apparences, est également animé par l'orgueil et la fierté. En effet, dans son humiliation et sa soumission, il reste indépendant, inflexible et invincible puisque, nous venons de le voir, le maître n'est finalement qu'un outil à ses yeux. Ceci n'est pas sans rappeler une très grande partie de la production cinématographique actuelle dans laquelle le héros connaît certes des échecs et des souffrances mais finit toujours par gagner, sa victoire tirant précisément sa valeur des souffrances endurées. Ainsi, alors qu'on l'interroge à propos des jeunes femmes ligotées dans son film documentaire, Slocombe déclare qu'elles « ne sont pas dévalorisées, au contraire. Quand une fille est attachée, c'est elle la vedette. Tout le monde la regarde, elle est le point focal du désir, l'actrice principale, le mannequin, le modèle. Et au Japon il y a un certain plaisir à être la « victime » : étant immobilisée, la fille est logiquement excusée de ce qui va lui arriver. »[1] Ceci suppose, d'une part, que la mise en scène de la contrainte a une fonction déculpabilisante autant pour le masochiste que pour le sadochiste, et, d'autre part, que le masochiste peut retirer une certaine fierté de sa soumission dans la mesure où elle fait de lui le centre de la relation.
    Pour rester dans le domaine de la fiction, Freud nous montre comment le théâtre, et en particulier la tragé-

---

[1] SLOCOMBE R., *in* MAILLARD L., *Annexes au mémoire : Ethnographie des pratiques d'érotisation de la contrainte : de leur diffusion dans la culture occidentale par les technologies modernes de la communication*, juillet 1999, p. 82.

die, suscite ou révèle le masochisme du spectateur. Dans un premier temps, le héros connaît la souffrance, le malheur et la défaite et en retire une certaine satisfaction. Le spectateur, ensuite, par identification au héros, éprouve du plaisir face au spectacle de ces souffrances. Cette pitié qu'il éprouve pour le héros le fait souffrir, comme le héros, mais cette souffrance devient source de plaisir. Cet orgueil typiquement masochiste du héros tragique, qui se transmet par identification au spectateur, est issu du sentiment d'être « au centre des rouages de l'univers ». Sa souffrance est la preuve même de sa valeur, d'où le plaisir masochiste ou le caractère masochiste du plaisir. Ainsi, des émotions aussi pénibles que la crainte ou l'effroi peuvent provoquer une excitation sexuelle qui serait une des raisons de l'attrait du théâtre et du cinéma. Nous insistons sur le fait que ce détour par le théâtre et le cinéma n'est pas une vaine digression car il nous permet de comprendre combien et comment la souffrance peut être à l'origine d'un accroissement de l'estime de soi.

A cela, ajoutons qu'en commandant sa punition, le masochiste se pose en maître de sa destinée. Son obéissance anéantit les ordres de ses ennemis, son acceptation honteuse et ridicule des autorités les rend elles-mêmes honteuses et ridicules. En se soumettant et en exécutant de lui-même ce dont il a été menacé, il prive ces reproches de toute signification et ses ennemis de toute crédibilité. Par son esclavage volontaire, il conserve sa liberté et son indépendance. En la transformant en plaisir, il retire tout sens à la menace qui devrait l'intimider. Finalement, il renverse la situation et préserve sa face en acceptant de la perdre de lui-même. Sa souffrance devient alors l'expression de sa valeur. Le masochiste tente à la fois de préserver son moi et d'imposer sa volonté, ceci sous le masque du renoncement. Son acquiescement contient une part de défi, sa soumission et sa douceur masquent sa révolte, son réel pouvoir. Ainsi peut-on lire : « Il pensait m'avoir dépouillée, c'est vrai que je n'opposais aucune résistance […]. Ce qu'il considérait comme de la faiblesse n'était en fait que l'expression sournoise de mon désir à vouloir tout régenter. »[1] En cédant sur ce qu'il considère comme des détails, le masochiste maintient son droit à l'existence et à son espèce particulière de plaisir. Sa résistance prend la forme d'une docilité parfaite qui en devient une révolte. L'idée reçue présentant le masochiste comme étant faible, dépendant des autres et influençable nous apparaît non avenue dès lors que l'on comprend que les apparences masquent en fait une détermination et un entêtement extrêmes. L'apparente soumission est en fait un « non ! » révolté et irrité jeté à la face d'un monde d'apparences. De plus, rappelons-le, le masochiste considère que quiconque supporte autant de misère et de malchance a le droit d'en être fier. Il se perçoit en effet comme étant marqué par le destin, choisi par lui et, par conséquent, un élu. Reik rapporte ainsi les propos d'un de ses patients qu'il estime être certainement masochiste : « Je me sens très petit par rapport à ce que je voudrais être, mais très grand par rapport aux autres ».[2]

L'esclave a donc, malgré les apparences, une haute opinion de lui-même. Ainsi pouvons-nous lire : « j'estimais valoir beaucoup plus que cela […] je considérais que mon honneur de soumise m'empêcherait de consentir à une telle capitulation […]. C'est même moi qui étais la plus demandeuse, écrit une autre, j'estimais valoir beaucoup plus que cela. »[3] Les sévices doivent en effet être à la hauteur

---
[1] L. Marie., *Confessée*, Climats, Castelnau Le Lez, 1996, p. 35.
[2] REIK T., *Le masochisme, op. cit.*, p. 231.
[3] « Confessionnal », *Discipline*, octobre 2000, numéro 8, p. 81.

des capacités du masochiste conscient de sa valeur et de celle de sa soumission. Sa capacité à endurer est une source de fierté personnelle, la preuve de sa force de caractère, méritant la reconnaissance d'autrui. En définitive, le masochiste ne se soumet pas puisqu'il n'abandonne pas. Au contraire même, il provoque. Il s'agit en fait de contraindre l'autre par sa propre soumission, de susciter chez lui un tel sentiment de culpabilité que cela va se traduire par un changement d'attitude. Un des personnages de Montorgueil s'adresse ainsi à sa maîtresse : « je n'ai pas peur de vous. Je vous aime trop pour cela. Je suis sûr que vous finirez par être bonne. Vous n'arriverez pas à me faire renoncer ! »[1] Et Rubin constate que le partenaire devenu sadochiste est souvent troublé par ces sentiments nouveaux et ces actes dont il ne se sentait pas capable et qui lui sont d'ailleurs reprochés par son Surmoi.

Enfin, en guise de conclusion provisoire, nous dirons qu'il faut autant de courage pour subir ou faire subir. Et si le SM n'est pas une pratique plus répandue, c'est peut-être aussi parce qu'il suppose ce courage nécessaire pour affronter la réalité de ses désirs et en assumer la réalisation, sachant que cela suppose la transgression de règles sociales profondément intériorisées, notamment l'impératif de préserver sa face. « La putain tremble, mais elle est fière d'avoir osé. »[2] Le masochiste tire donc une réelle fierté de sa transgression et de sa honte. Et ceci va de pair avec la fière exhibition du corps marqué sur laquelle nous reviendrons. Mais, ayant tenté de lever le voile des apparences, quelle est maintenant la place du sadochiste dans cette nouvelle vision de la relation SM qui s'offre à nous ?

---
[1] MONTORGUEIL B., *Dressage*, Le pré aux clercs, s.l., 2000, p. 125.
[2] FOUCAULT A., *Françoise maîtresse*, op. cit., p. 61.

## D-Le sadochiste

Bourdieu met en évidence le fait que, malgré les apparences, la position de dominant demande des efforts parfois considérables afin de s'y maintenir. Le dominant doit en effet réaffirmer en permanence sa position afin de la voir ratifier par ses pairs. Or, dans une relation SM, masochiste et masocentrique, cette ratification ne se fait pas tant (ou du moins pas seulement) par les autres dominants (dont ni la présence, ni même l'existence ne sont obligatoires) que par le soumis qui reconnaît son partenaire comme légitime dans ce rôle. Et de même qu'un individu dans la vie courante doit apprendre quels sont les comportements caractéristiques de son rang et les moyens de s'y maintenir, le sadomasochiste doit également s'approprier les comportements caractéristiques du ou des rôles qu'il souhaite tenir, ainsi que les moyens de les jouer correctement. Outre un apprentissage des techniques, le sadomasochisme passe donc également par un apprentissage de sa condition.

Dans un premier temps, celui qui est amené à jouer ce rôle, s'il ne se connaît pas de telles envies, doit franchir les diverses barrières qui l'empêchaient jusque-là de tirer du plaisir de la souffrance d'autrui, d'autant plus qu'autrui et l'être aimé ne font qu'un. Les héroïnes de Masoch refusent dans un premier temps de jouer ce rôle et leurs chevaliers servants doivent alors faire preuve d'un grand talent de persuasion afin de les convaincre. Ainsi Anna, dans *La Femme divorcée*, se déclare trop faible et trop capricieuse pour remplir l'idéal de Julian. Wanda, dans *La Vénus à la fourrure*, ne devient réellement sadique qu'après que Séverin l'y a contrainte. Dans un autre contexte, Goffman nous montre également combien il est difficile pour les membres du personnel hospitalier de devoir sanctionner un patient pour lequel ils ressentent de l'amitié.

Le rôle de sadochiste n'est donc pas facile à tenir. Être un bon maître demande non seulement des efforts d'imagination, mais également de contrôle car il doit veiller à ne pas mettre son soumis en danger. Autrement dit, il doit répondre aux attentes de ce dernier tout en sachant s'arrêter avant de franchir les limites fixées par le contrat. La relation sadomasochiste est donc bel et bien faite de responsabilités et de devoirs réciproques. En effet, le sadochiste doit s'adapter à la personnalité et aux capacités d'obéissance et de résistance du masochiste qui doit également jouer correctement son rôle, c'est-à-dire suffisamment obéir pour procurer à son maître la satisfaction d'exercer un pouvoir, mais aussi désobéir pour provoquer la punition qui sera source de plaisir pour l'un comme pour l'autre. La distribution de l'exercice du pouvoir dans la relation sadomasochiste n'est donc pas aussi évidente que les apparences peuvent le laisser croire de prime abord. Une fois de plus, elles s'avèrent trompeuses et l'esclave n'est pas forcément ou pas seulement celui qu'on croit.

Cette nécessité pour le sadochiste de se contrôler relève avant tout du masocentrisme de la relation SM et de sa mise en scène. On ne peut en aucun cas infliger n'importe quoi à n'importe quel soumis qui, légitimement, se rebellerait. Par conséquent, la maîtrise de soi est cette qualité du dominant faisant que le masochiste va pouvoir s'en remettre à lui en toute confiance, assuré qu'il est que la limite ne sera pas franchie. Le sadochisme suppose donc une sorte de dissociation interne en deux (id)entités qui vont fonctionner en même temps, ensemble, l'une surveillant l'autre sans pour autant nuire à sa satisfaction. Cette nécessité trouve son origine dans l'obligation morale de respecter l'intégrité physique et morale du soumis. Mais le dominant tire également une certaine satisfaction du contrôle qu'il va exercer sur lui-même, de sa capacité à « dompter la bête » qui est en lui. Nous retrouvons la perspective grecque ancienne selon laquelle la maîtrise de soi garantit sa capacité à maîtriser les autres. Néanmoins, le sadochiste se ménage quelques espaces de liberté dans le déroulement de la séance, de même qu'il peut participer activement à l'élaboration du script mis au point en collaboration avec le masochiste.

La transgression de l'interdit de faire souffrir autrui peut toutefois susciter chez le dominant un fort sentiment de culpabilité. Il doit alors mettre en œuvre tout un ensemble de schémas de pensée lui permettant de légitimer ses actes et ainsi gérer ses tensions intérieures. Robert Dante évoque cette « créature qui ne connaît ni limites, ni loi, ni civilisation. La bête, c'est la pulsion de vie dans mon esprit. Il y a les prédateurs et il y a les proies. La bête, c'est le prédateur. Je me sers des gens un peu comme un metteur en scène utilise des acteurs. Ils veulent être utilisés. Ils sont à mon service, mais moi, je sers la structure. »[1] C'est cette part de soi-même, cette part instinctive, animale, qui entre en lice dans la pratique du SM. C'est en son nom que les esclaves sont soumis. Si le sadochiste compose avec son sentiment de culpabilité en rappelant le consentement de ses « victimes », il tempère également ses pulsions en invoquant sa propre soumission à ce que Robert Dante nomme « la structure », qui n'est autre finalement que l'ordre instauré par le masochiste. Par conséquent, le déchaînement qu'il incarne va s'abattre sur autrui

---

[1] Propos extraits de *Tops and bottom*, ARTE, novembre 1999.

au nom de l'ordre, acceptant ainsi sa propre instrumentalisation dans le cadre de la mise en scène. C'est peut-être cette soumission à la « structure », à l'ordre, qui inspire à Murakami cette définition du dominant comme étant « un individu qui ne peut vivre que dans un monde mathématisé. »[1] Cette obsession du contrôle est également présente chez Sade, qui légitime ses penchants en les faisant passer pour « naturels », en les posant comme une preuve de finesse, de délicatesse, voire même d'une certaine sensibilité esthétique et artistique. Il oppose cette cruauté empreinte de noblesse à une cruauté bestiale, dénuée de tout sens esthétique, de tout contrôle. Or, ce qui différencie ces deux types de cruauté aux yeux de Sade est précisément le contrôle exercé sur elle, celui-ci étant rendu visible par son esthétisation, par opposition à la bestialité et à l'absence de finesse dans la cruauté de celui qui est dominé par ses instincts. Cette finesse de la cruauté, cette cruauté « civilisée », renvoie finalement au fantasme de toute-puissance qui anime le sadique « pur » comme le sadochiste. Finesse et contrôle vont donc de pair dans la manière qu'a le sadochiste d'appréhender ses instincts. La « civilisation » et la mise en scène du fantasme accroissent le plaisir qu'il tire de la soumission d'autrui. Par la contrainte, la douleur et l'humiliation dans le cadre d'une mise en scène n'ayant d'autres limites que celle de son imagination, le dominant SM, comme le bourreau, cherche à briser le sentiment d'identité de sa victime, la réduisant à l'état d'objet au nom de ce qui lui paraît être la loi du plus fort. Par conséquent, la mise en scène sadomasochiste est pour lui le moyen de vivre pleinement son fantasme de toute-puissance qu'il exerce sur sa « victime », mais avant tout sur lui-même,

---

[1] MURAKAMI R., *Ecstasy*, Picquier, Arles, 2003, p. 102.

jouissant du contrôle qu'il exerce sur lui-même, sur son propre instinct. Ainsi, un des enjeux de la relation SM pour le dominant est donc la confrontation victorieuse avec soi. Dans la maîtrise de l'autre, il recherche avant tout la maîtrise de lui-même. Il cherche à garder le contrôle dans une situation qui tend au vertige. Reprenant les propos de Robert Dante en ce qu'il s'agit, là encore, de maintenir et de servir la « structure », nous dirons que, dans la relation SM, dominant et dominé sont soumis l'un à l'autre, et tous deux le sont à cette « structure » qu'est leur relation matérialisée par la mise en scène.

## E-D'une relation agonistique à l'instrumentalisation réciproque

Le sadochiste et le masochiste sont finalement tous deux animés par une volonté de puissance, d'omnipotence et de contrôle. La mise en scène devient alors le théâtre d'un duel les opposant l'un à l'autre mais également, et peut-être surtout, à eux-mêmes. Nous verrons ici comment le modèle de la relation agonistique nous paraît à même de décrire cette dimension de la relation SM. Par agôn, nous entendons en effet un rapport social placé sous le signe du conflit, par opposition au Logos qui, désignant la Loi dans ce qu'elle a de plus impersonnel, c'est-à-dire s'imposant à tous, définit et fixe des cadres. Le Logos est utile socialement puisqu'il fonde la structure mais, en contrepartie, il exige la soumission des individus. L'agôn, au contraire, refuse la soumission et maintient la rivalité.

Nietzsche disait d'ailleurs de Schopenhauer qu'il « avait besoin d'ennemis pour garder sa bonne humeur […] qu'il se mettait en colère pour se mettre en colère, par passion ; qu'il serait tombé malade, devenu pessimiste sans ses ennemis, […] ce sont ses ennemis qui le retenaient, qui redonnaient sans cesse pour lui de la séduction à la vie, sa colère était, tout comme chez les anciens cyniques, sa délectation, son délassement, sa compensation, son remède contre le dégoût, son bonheur. »[1] Il s'agit ici de comprendre que l'individu se construit finalement non seulement dans l'appartenance à un groupe, mais également dans l'opposition, le rejet d'autres groupes. Le conflit possède une réelle dimension créatrice puisqu'il s'agit de se confronter à la différence en partie pour la maintenir, mais également pour faire surgir une idée nouvelle de cette confrontation. Il ne faut en effet jamais céder à l'impulsion de suivre un modèle, ce qui serait se soumettre, ou de se proposer comme modèle, ce qui serait s'imposer. Il faut au contraire maintenir la différence et l'envie qu'elle perdure.

L'agôn est un fondement de la culture quand il signifie le refus de se soumettre à la nécessité, à ce qui relève du biologique et pousse l'homme à se dépasser, à innover. Il est contre la culture lorsqu'il signifie le refus de se soumettre aux règles issues de la culture. Sa réputation d'antisociabilité lui vient en fait de ce que la rivalité semble nuire à l'établissement d'un lien social permettant la procréation. Mais pour que se détacher d'un groupe soit pertinent, il faut que ce groupe demeure. L'agôn prône donc l'autonomie, l'indépendance, mais pas l'isolement. Loin d'être antisocial, il est une forme de sociabilité basée sur l'amitié, l'émulation et le refus de la soumission et de l'échec. Il ne s'agit pas tant de dépasser l'autre que de se

---

[1] NIETZSCHE F., *Par-delà le bien et le mal. La généalogie de la morale*, op. cit., p. 296-297.

dépasser soi-même par et grâce à la confrontation avec l'autre. De plus, n'oublions pas que la rivalité suppose des relations sociales et qu'en tant que refus de la soumission, l'agôn est l'outil du maintien nécessaire des différences. L'agôn n'est donc pas antisocial car il refuse la soumission au Logos mais pas son existence.

La dimension agonistique de la relation sadomasochiste réside donc dans la volonté de chacun de faire plier l'autre. Une domina se souvient d'ailleurs d'un client déclarant : « Y a intérêt à ce que je morfle. »[1] Et ce dernier prit un plaisir manifeste à endurer sans broncher tout ce qu'elle lui a fait subir, allant jusqu'à la narguer, estimant qu'elle pouvait mieux faire. Dans le *bondage* par exemple, la maîtrise des nœuds suppose le pouvoir du sadochiste d'immobiliser son partenaire, or ce dernier éprouve lui aussi du plaisir en essayant de se libérer. Et d'une manière plus générale, quand Acker écrit : « Ta fierté d'être une criminelle, une putain et un tas de merde est la cause de tes souffrances »[2], elle nous éclaire sur une des motivations à adopter ce comportement sanctionné négativement qui est l'orgueil typique du masochiste d'affirmer son individualité, son unicité. Dans le masochisme, cela passe par une atteinte à son intégrité physique et/ou morale, une dégradation de son image de soi. Et cette démarche prend tout son sens dès lors qu'il est une injonction culturelle et sociale de, précisément, préserver cette image de soi, de conserver sa face, à tout prix. La dimension agonistique du SM réside donc dans la volonté de faire « craquer » l'autre, de l'amener au-delà de ses limites. Le dominant va donc tenter de briser l'orgueil de son soumis qui, quant à lui, va

---

[1] UNGERER T., *S.M.*, *op. cit.*, p. 37-38.
[2] ACKER K., *Sang et stupre au lycée*, désordres/Laurence Viallet, éd. du Rocher, 2005 (1ère éd. 1978), p. 171.

tenter d'amener le dominant au point où celui-ci, désemparé, ne sachant plus quoi faire, ni quoi lui infliger, va finir par culpabiliser et l'aimer. Mais la relation SM se révèle être également un combat contre soi-même au terme duquel on se sent grandi de s'être dépassé. Quelqu'un capable d'endurer tout ça est forcément quelqu'un de bien estime le masochiste. Le SM relève donc de l'agôn car en tentant de faire craquer l'autre, chacun s'est finalement dépassé soi-même.

Dominant/dominé, les apparences sont trompeuses. En fait, le véritable maître serait l'esclave. Mais cette affirmation ne serait-elle pas plutôt le fruit de la volonté de se donner bonne conscience en soutenant celui qui apparaît comme le plus faible ? De même, ne s'agit-il pas d'éprouver la satisfaction que l'on peut tirer du fait de ne pas se fier aux apparences ? Pour Poutrain, le consentement du soumis est le signe d'une violence symbolique puisqu'elle suppose la déculpabilisation du dominant qui reporte l'entière responsabilité de ses actes sur le masochiste. C'est oublier que par sa soumission le masochiste reporte également sur le dominant instrumentalisé la responsabilité de l'exécution de pratiques auxquelles il n'osait pas se livrer. Elle néglige également le caractère masocentrique de la relation SM et fait du masochiste la victime « plus ou moins », voire « moins que plus », consentante d'un dominant manipulateur, oubliant au passage le caractère manipulateur du masochiste qui, comme nous l'avons dit, « fabrique » son dominant. Le concept d'instrumentalisation réciproque a pour but de casser cette vision simpliste des choses. Certes, le soumis l'est à son maître, mais de sa propre volonté. De plus, ce dernier le sait et accepte d'être l'instrument de son esclave, comme l'esclave est l'instrument de son maître. L'acceptation de cet état de fait par les deux parties vient de ce qu'elles visent toutes les deux un but commun, la satisfaction, même si celle-ci peut être de nature différente et/ou accessible par des moyens différents mais néanmoins complémentaires. Nous retrouvons l'ironie du sadomasochisme qui consiste là encore à se moquer des règles de la distribution sociale. En effet, l'esclave se trouve être également maître et le maître est doublement esclave, esclave de son esclave mais également de ses instincts violents dont il tente de garder le contrôle en les confrontant aux contraintes et aux limites imposées par le contrat passé avec le masochiste. Dans cette optique, la relation sadomasochiste s'avère être l'occasion d'une instrumentalisation réciproque s'articulant autour de la contrainte et de la souffrance. Le maître est l'instrument de son esclave qui recherche le plaisir dans la souffrance et l'esclave est l'instrument de son maître qui voit en lui un moyen d'assouvir son fantasme de toute-puissance sur autrui, mais également sur lui-même en raison des contraintes imposées par le contrat sadomasochiste. Cette instrumentalisation réciproque s'illustre notamment dans la prostitution SM. Ainsi, la domina professionnelle a totalement conscience d'être l'instrument du fantasme du masochiste, encore plus qu'un sadochiste classique puisqu'elle est payée. « Je ne vois plus de masochistes purs et durs, pour qui je n'étais qu'un instrument »[1], déclare pourtant l'une d'elles. Cela lui pose problème puisque c'est un obstacle à la réalisation de son propre fantasme de domination. Elle souhaite en effet conserver une certaine marge de manœuvre, qui doit être négociée, afin de satisfaire son propre fantasme tout en réalisant celui de son client. Elle apprécie en cela la passivité du client qui lui laisse le champ libre pour montrer de quoi elle est capable.

---

[1] Maîtresse Malvina *in* COUSIN P. (dir.), *SM. L'encyclopédie du sadomasochisme*, *op. cit.*, p. 235.

# III-Le SM et la domination masculine

Le SM s'inscrit donc dans ce que nous pouvons appeler un rapport déviant à la domination et à l'exercice du pouvoir. Certaines mises en scène usant de codes relevant de la domination masculine, il nous paraissait intéressant de déterminer si les apparences, là encore, étaient trompeuses.

## A-Une mise en scène de la domination masculine

### *Une remise en cause de la domination masculine ?*

En raison de son caractère ironique, de son rapport spécifique au pouvoir et à la domination, comme de certains aspects de ses mises en scène, nous pouvons nous demander si le SM peut être compris comme une parodie de la domination masculine. En effet, un sadochiste se conforme à l'image stéréotypée de l'homme, de même que la soumise se conforme à celle de la femme. De plus, le soumis caricature l'image de la femme, alors que la sadochiste reste féminine et se conforme ainsi au désir de l'homme. Dans le masochisme par conséquent, c'est finalement toujours l'image de la femme qui est dépréciée. Dans les magazines spécialisés également, les qualités des dominants relèvent des représentations masculines. La dominatrice, quant à elle, accorde plus de soin à sa tenue que le dominateur, notamment pour correspondre à l'image que l'homme a de la femme dominante.

Poutrain pense que la différence entre soumissions masculine et féminine réside dans le fait que la soumission féminine relève plus d'un abandon total alors que la soumission masculine se résume au temps de la séance et vise, plus que pour la femme, à provoquer, à faire craquer la dominante. C'est négliger, nous semble-t-il, le caractère agonistique du masochisme qui n'est selon nous spécifique ni aux hommes ni aux femmes, mais relève plus de la structure même de la relation sadomasochiste et des mécanismes qui la font fonctionner. De plus, il faut garder à l'esprit que Poutrain se base en partie sur des résumés de jaquettes vidéo commerciales et des extraits du catalogue par correspondance *Démonia* pour affirmer que le SM reproduit les schémas de la domination masculine. Aussi, si dans un premier temps nous sommes d'accord pour dire que le SM n'est pas spécialement subversif en matière de domination masculine et qu'il ne fait qu'en parodier les formes sans la remettre fondamentalement en cause – à moins que l'on ne considère que cette parodie est précisément une forme de remise en cause –, il convient néanmoins de nuancer ses propos. Ses sources provenant du SM commercial et hétérosexuel, elles s'adressent donc à une clientèle spécifique. De plus, et par conséquent, elles relèvent en grande partie et avant toute chose de schémas de pensée issus de la pornographie. Liotard opère d'ailleurs cette distinction entre SM et pornographie et rappelle que cette dernière se passe du consentement de la « victime » dont la réification est présentée en tant que simulation dans le sadomasochisme. Il s'agit donc d'éviter les amalgames et bien distinguer une relation SM, basée sur la confiance et le consentement, de la pornographie, voire d'actes de barbarie criminels. Cette distinction nous paraît d'autant plus nécessaire que de nombreuses productions pornographiques usent de l'esthétique SM, prêtant ainsi à confusion.

Les différences entre les masochismes masculins et féminins conditionnent selon nous la dimension critique de la domination masculine. Le masochiste raisonnerait ainsi de la manière suivante : « Voilà ce que je désirerais vous infliger et voilà comment je voudrais que vous vous conduisiez », alors que la masochiste penserait : « Vous voulez me traiter ainsi et vous désirez que je me conduise de telle façon ». Nous avons donc dans un cas une hypertrophie, une caricature du modèle féminin puisqu'elle se conforme à l'idée qu'elle a de ce que l'homme attend d'elle et, dans l'autre, une atrophie du modèle masculin. Ainsi, la femme se conforme de plus en plus à son modèle et l'homme de moins en moins au sien.

A cela, ajoutons que la maîtresse, dans une relation hétérosexuelle, est l'instrument du soumis, donc soumise à un homme. Il y a là encore finalement perpétuation de la domination masculine. On peut alors penser que la véritable remise en cause de cette dernière serait la mise en scène de la soumission féminine. En effet, dans ce cas c'est elle qui instrumentalise[1] son « bourreau », en parodiant la condition féminine de son propre chef. En la mettant en scène elle pousse sa soumission jusqu'à son point de rupture. Le sadomasochisme combat alors la norme non par

---

[1] Nous gardons ici à l'esprit que dans le sadomasochisme il y a une instrumentalisation réciproque des partenaires et par conséquent, on peut toujours attester d'une domination masculine du fait de l'instrumentalisation de la femme soumise par son maître. Néanmoins le cas de la femme soumise nous apparaît être celui remettant le plus en cause, et ce de la façon la plus manifeste, la domination masculine.

une rupture avec la règle mais précisément par un jeu subtil visant sa destruction par sa plus stricte application et le respect de celle-ci à l'extrême, au point où elle finit par se vider de son sens. Nous pourrions comparer ceci à une sorte de grève par excès de zèle. Le respect extrême et la stricte application de la règle deviennent sa plus grande transgression. Malgré cela, le masochisme masculin apparaît toujours comme plus « fort » que le masochisme féminin dans la mesure où, si la femme « aggrave » sa soumission « naturelle », l'homme, lui, quitte, abdique sa position « naturelle » de dominant. D'une certaine manière, il tombe de plus haut.

Se pose alors de nouveau cette question, le sadomasochisme est-il, et se veut-il d'ailleurs, une remise en cause de la domination masculine ? En effet, si le masochisme est à considérer comme une révolte, il ne faut pas oublier que dans nos sociétés la combativité est une valeur essentiellement masculine. Ceci explique par ailleurs ce constat de Reik selon lequel il y aurait plus d'hommes masochistes que de femmes masochistes. Dans cette optique, le masochisme répond au besoin masculin de se battre pour quelque chose, d'être un héros. Nous nous trouvons donc face à un paradoxe. D'un côté, le sadomasochisme, par son rapport ambigu à la règle, est un moyen de remettre en cause la domination masculine. De l'autre, l'argument culturel tend à démontrer l'existence de tendances masochistes plus faibles finalement chez la femme que chez l'homme en raison de son caractère combatif et subversif. Il semble que même dans la soumission l'homme continue de surpasser la femme. L'erreur est peut-être de vouloir à tout prix considérer le masochisme comme une remise en cause, une tentative ou un moyen de destruction de la domination masculine. En effet, le sadomasochisme s'inscrit dans une société donnée, or nos sociétés sont en partie le produit de la domination masculine et par conséquent, le sadomasochisme en est lui aussi le fruit. Son but n'est peut-être pas tant de la supprimer mais peut-être plus simplement de montrer ce qu'elle a de ridicule et de permettre à certains de mieux la vivre. Si le soumis tire satisfaction de sa soumission et si elle est un acte de révolte, un acte orgueilleux, le sadomasochisme apparaît alors pour la femme comme un moyen de dresser une barrière faite d'un orgueil protecteur qui lui permet de mieux vivre sa condition de femme dans un monde d'hommes. Le sadomasochisme est-il une forme de remise en cause de la domination masculine ? La question est pour l'instant, nous semble-t-il, sans réponse, sinon finalement sans objet.

## *D'un masochisme féminin ?*

Les pulsions violentes de la femme sont culturellement beaucoup plus réprimées que celles des hommes, selon le modèle de la femme docile et soumise. Toutefois, s'il est facile en effet de conclure hâtivement à un masochisme féminin « naturel » comme ce fut le cas par le passé, il faut tout de même se rappeler que la souffrance et l'humiliation ne rentrent pas dans la sexualité féminine dite « normale ». La thèse d'un masochisme féminin « inné », « naturel », est en fait un moyen supplémentaire de légitimer la domination masculine, permettant ainsi d'imposer à la femme en toute bonne conscience une situation de domination et de dépendance. L'innéité d'un masochisme féminin reste donc une idée tenace, essentiellement en raison de la manière dont notre culture régit les relations sexuelles en valorisant, chez l'homme, une attitude active et « sadisante », véhiculée notamment par la pornographie, et, chez la femme, une attitude passive, soumise et masochiste. Les analyses de Reik montrent pourtant que dans leurs rêveries beaucoup d'hommes masochistes manifestent un vif intérêt pour les mises en scène où ils sont sexuellement dominés, pénétrés voire violés. Le masochisme masculin serait-il alors l'expression d'une tendance féminine ? Il convient de rester prudent et garder à l'esprit que la mise en scène de la soumission féminine possède une dimension caricaturale et que la femme n'aime pas « naturellement » être humiliée ou torturée. De plus, comment alors expliquer l'important nombre de maîtresses ?

Le masochisme féminin n'est donc pas « naturel » mais bel et bien culturel. Il s'agit d'une construction masculine étant donné que ce qui sert de support à cette notion, les douleurs de l'accouchement, le coït ne sont pas vécus par les femmes comme des humiliations (elles le seraient peut-être par des hommes), mais au contraire comme des moments importants, privilégiés de leur vie. Certes, les femmes peuvent également avoir des fantasmes masochistes, mais ils ne sont pas masochistes parce qu'ils sont féminins. Aussi, à la notion de masochisme féminin, Rubin préfère celle de masochisme maternel, celui-ci étant d'autant plus puissant que le lien entre la mère et l'enfant est renforcé par la société qui y voit, là encore, un moyen de renforcer, légitimer la répartition sexuée des activités sociales et ainsi maintenir les femmes dans l'espace privé, laissant l'espace public aux hommes.

Enfin, rappelons qu'une même pratique peut revêtir des significations différentes en fonction des acteurs et du contexte socioculturel. Au Japon par exemple, la soumission masculine est d'autant plus acceptée que la domination masculine recule. Quand il est plus facilement admis que l'homme ne domine pas socialement, il est moins culpabilisant pour lui d'accepter ses désirs de soumission, partant du principe que si on tolère qu'il ne domine pas à l'extérieur, qu'il ne défende pas son rang, on acceptera la même chose dans son intimité.

## B-Le masochisme : de la remise en cause de la domination masculine à celle de la domination en général

### *L'idéal féminin de Masoch : vers une nouvelle société*

Il s'agira pour nous ici de montrer comment, par sa mise en scène de la domination masculine, le masochisme s'avère une remise en cause du principe même de la domination. Dans le fantasme masculin de jouer le rôle de la femme, nous retrouvons l'image culturellement construite de la femme passive, soumise, objet de désir et sexuellement disponible. Si, dans un premier temps, on peut être porté à croire que, par ce fantasme, l'homme renonce à sa position de dominant, ce n'est pourtant pas le cas vu que c'est toujours lui, homme et masochiste, qui décide du temps, de la durée et de la forme de son abdication, ainsi que de l'instrument de sa domination, qui n'est d'ailleurs pas forcément une femme. Il ne s'agit en fait pas tant d'une remise en cause de l'existence des modèles sexués sur lesquels reposent les sociétés que d'une remise en cause de l'impossibilité qu'a l'individu de choisir le modèle sexué auquel il souhaite se conformer. Il y a en effet un risque de dissolution du tissu social ou en tout cas de déstructuration des relations entre hommes et femmes s'il devient possible de changer de rôle et de statut à volonté. Nous comprenons alors mieux l'importance de l'attribution de modèles sexués en tant qu'éléments structurants des sociétés en regrettant toutefois que cela serve de moyen de légitimation de la domination d'un sexe sur l'autre et que cela prive l'individu du « choix » du modèle auquel il souhaite se conformer. Ceci explique également pourquoi, dans toutes cultures, les garçons sont à un moment ou à un autre éloignés de leur mère, du monde des femmes, afin d'apprendre à devenir ce qu'ils sont : des hommes. Chez l'homme donc, tout désir de passivité, de féminité, est refoulé car non valorisé socialement (dans nos sociétés occidentales contemporaines du moins). C'est pourquoi, quand un homme constate en lui des tendances féminines, ce que l'on pourrait par ailleurs considérer normal, il les refoulera par crainte d'une sanction sociale négative. Par son masochisme, l'homme renonce pourtant à son statut de dominant, laissant ainsi entrevoir une possibilité de renversement de l'attribution des rôles sexués par la culture et, par conséquent, une modification de la structure sociale.

Dans une telle perspective, la vie et l'œuvre de Masoch nous offrent un point de vue intéressant concernant le rapport entre le sadomasochisme et la domination masculine. En effet, toutes ses héroïnes ont en commun une certaine force physique, une certaine arrogance, voire même une certaine cruauté. Néanmoins, trois grands modèles féminins se dessinent. La Grecque tout d'abord, génératrice de désordre, ne vit que pour l'amour et la beauté et se donne à quiconque l'aime. Elle invoque l'égalité entre homme et femme mais ne la conçoit en définitive qu'à la limite où la domination passe de son côté. A l'autre extrême, se trouve le modèle de la sadique qui aime faire souffrir mais risque toujours de devenir elle-même victime. *La Vénus à la fourrure* illustre bien le passage d'un modèle à l'autre. En effet, Wanda se revendique tout d'abord du modèle grec mais finit par se croire sadique pour finalement se retrouver elle-même victime d'un autre homme, le « Grec ». Toutefois, ces deux modèles ne présentent pas tant l'idéal de Masoch que les limites, les extrêmes entre lesquels il se situe. C'est en fait dans *L'Esthétique de la laideur* que l'on trouve une description tant de l'idéal masochiste que de l'idéal féminin de Masoch qui décrit ainsi la mère de famille : « Une femme imposante, à l'air sévère, aux traits accentués, au regard froid ; elle n'en chérit pas moins toute la petite couvée. »[1] C'est peut-être dans ce modèle que se trouve la véritable remise en cause masochiste de la domination masculine, en ce qu'il permet de dépasser les oppositions traditionnelles homme/femme, haut/bas, droit/courbé, actif/passif, sadique/masochiste… pour faire cohabiter dans le même individu des traits apparemment incompatibles comme la force et la délicatesse, la résistance et la tendresse, la volonté et la sensibilité.

A ce modèle féminin, Masoch oppose un modèle masculin fait de difformité physique compensée par la finesse du corps et de l'esprit, une beauté morale qui remplacerait la brutale et robuste virilité. Il nous place donc dans une situation où la finesse et la fragilité deviennent l'apanage des hommes et où la robustesse et la force sont celui des femmes. Ce renversement des valeurs augure pour lui celui des rôles. Ainsi, le rôle de dirigeant revendiqué et monopolisé par les hommes reviendrait à la femme, la finesse intellectuelle de l'homme ne devant lui permettre que de jouer le rôle de second et de briller dans les do-

---

[1] *In* DELEUZE G., *Présentation de Sacher-Masoch, op. cit.*, p. 45.

maines jusqu'alors réservés aux femmes. La domination masculine, bien que n'étant qu'une construction sociale, a été très fortement intériorisée par les hommes et Masoch sait qu'il ne leur sera pas facile d'accepter de céder à celles qu'ils dominent depuis si longtemps. Sa vie et son œuvre se veulent donc une sorte de modèle de vie et une solution pour mieux vivre cette « passation de pouvoir » tant au niveau social que psychologique et même sexuel. Tout ceci nous permet de penser que, plus que l'apologie du plaisir dans la souffrance, Masoch fait avant tout l'apologie de la domination féminine, du moins du principe féminin tel qu'il le conçoit.

## *Une critique du principe même de la domination*

De nombreuses mises en scène sadomasochistes comportent des éléments prêtant à rire. Porter des vêtements féminins, pour un homme, est humiliant et ce, en partie parce que cela offre une image ridicule de soi-même. Etre attaché, corseté, pendu, jouer à l'écolier, au nourrisson, servir de chaise ou de pot de chambre à un tiers est contraignant mais c'est également soumettre son corps à des postures suscitant sarcasme et ironie. Toutes ces pratiques sont avilissantes mais également, et peut-être même surtout, des pratiques tournant en dérision celui qui s'y prête. Or, il est du ressort de la société et de la culture de définir ce qui est ridicule et ce qui ne l'est pas. Le masochiste ne pourra être humilié que dans des situations posées culturellement comme telles.

Bourdieu rappelle d'ailleurs que la respectabilité d'un individu doit être reconnue, attestée par tous les autres membres du groupe. Or, un des traits transgressifs du masochisme consiste précisément à détruire volontairement et, qui plus est, publiquement, sa propre respectabilité. La chute du masochiste s'avère par conséquent être à la fois une parodie de la hiérarchie sociale et un piège tendu à celui qu'il a choisi pour jouer le rôle du sadochiste qui, pris dans sa toile, n'aura plus d'autre choix que de s'y conformer et, finalement, de chuter avec lui. Dès lors, le masochisme peut apparaître comme étant une tentative de résistance face à un excès d'intégration afin de maintenir son sentiment d'unicité, d'individualité. Le masochisme s'avère être une affirmation de soi. En effet, le masochiste, en tant qu'auteur de la mise en scène, s'octroie une part de la divinité de celui qui crée « un monde », une réplique miniature et caricaturale de notre société et ce, même s'il y joue le rôle de la victime.

    Le ridicule constitue donc une arme redoutable employée par le masochiste dans son combat contre le monde. En effet, le ridicule auquel il se soumet délibérément a un impact considérable sur celui qui en est témoin. Ce dernier se retrouve en fait dans une situation face à laquelle rien dans sa socialisation ne l'a préparé. Une des convives de Sylvia Bourdon, dans *Exhibition 2*, éclate en sanglots et avoue que « cela la dépasse » quand un des esclaves de son hôte lui lèche les bottes. Rappelons par ailleurs que, pour Stoller, l'hostilité est au fondement de l'humour et de l'excitation érotique.

    Par l'excès de zèle, par la plus scrupuleuse application de la règle, le masochiste prétend donc en montrer l'absurdité. Dans le rite masochiste, la règle est perçue comme un processus punitif, or le masochiste se fait appliquer la punition dans laquelle, paradoxalement, il trouve le plaisir que la loi est censée lui interdire. La punition pour le plaisir défendu devient la source du plaisir qu'elle doit sanctionner. Par la souffrance et l'humiliation dont il est la victime volontaire, le masochiste démontre donc sarcastiquement que toutes les mesures inhibitrices de l'éducation et de la culture sont vouées à l'échec car sa soumission n'est que simulée, jamais acceptée. Il montre ainsi l'absurdité de toute tentative de le forcer à renoncer à sa satisfaction.

Se mettre en scène dans des situations ridicules, ridiculisantes revient donc non seulement à se moquer de soi avant que l'autre ne le fasse, mais c'est aussi, et avant tout, le moyen « choisi » par le masochiste d'atteindre son véritable but qui est de dénoncer et critiquer les rouages et mécanismes de notre société. Le masochisme se révèle donc une sorte de démonstration par l'absurde dénonçant par là même la loi du plus fort, les hiérarchies strictes et oppressantes, en les repoussant dans leurs derniers retranchements, en poussant leur logique à l'extrême. Mais le masochisme n'est pas qu'une critique d'un système dans la mesure où il donne également au masochiste un moyen de se rendre invulnérable aux attaques de ses adversaires puisqu'en « faisant un avec la fange de l'humanité, sa laideur, sa bêtise, son hypocrisie, en se revêtant d'une armure d'opprobre et d'immondices, il devient invulnérable aux attaques des hommes. Faire volontairement ce que les gens détestent c'est refuser d'épouser leur système de valeurs. Mais en plus, il fait de ce rituel une réjouissance, une béatitude. »[1] Une des finalités du masochisme, qui est également un moyen d'y parvenir, est donc de choquer et, par conséquent, déstabiliser les représentants, les incarnations du système. Ainsi, le masochiste détruit le système qu'il

---

[1] TANAKA M., *Sur Shozo Numa. Réflexions sadiques sur le masochisme*, http://www.editions-desordres.com/auteurs/shozo_numa_masochisme.php

critique par sa propre destruction, mais il ne chutera pas seul. Les autres tomberont avec lui. La souillure dont il se revêt – celle des autres au demeurant – doit également les éclabousser, juste retour à l'envoyeur en quelque sorte. Le masochiste, par l'exhibition de sa chute, révèle ainsi la souillure, la corruption de ceux qui l'entourent alors même qu'ils tentent de la dissimuler, avant tout à eux-même. Cette dynamique de remise en cause se solde par une transformation à plusieurs niveaux puisque si le masochiste se transforme tout d'abord lui-même physiquement – par des cicatrices ou des *piercings* –, il transforme également sa vision du monde, comme celle de son partenaire qui se trouve contraint de regarder en face la réalité telle qu'elle est perçue, vécue et conçue par le masochiste.

Il ne faut donc pas en effet négliger la dimension provocatrice de la docilité apparente du masochiste qui attaque la règle par un autre côté que les révoltés « traditionnels ». En faisant de la punition la condition même de sa satisfaction, le masochiste, d'une certaine manière, perd toutes les batailles mais gagne la guerre. Par son rapport à la règle, la masochisme est donc une critique du pouvoir. Toutefois, il ne se borne pas à se moquer du pouvoir puisque les modalités de cette critique revêtent à ses yeux une véritable dimension initiatique qui, conjuguée à l'orgueil caractéristique du masochiste, lui permet de se percevoir comme accédant, d'une certaine manière, au sacré.

# LE SM COMME RAPPORT AU TEMPS, À LA MORT, AU CORPS ET À LA SOUFFRANCE

Il peut sembler étrange, voire peu rigoureux, de traiter de tous ces thèmes dans un même chapitre. Ce n'est pourtant pas le cas car, comme nous le verrons, ces différents éléments se combinent et se conditionnent les uns et les autres pour nous permettre d'appréhender et de comprendre le masochisme en tant que processus sociologique. En effet, le rapport masochiste à la mort nous permet de saisir le rapport spécifique qu'il entretient avec le temps, le délai, l'attente. Et de la même façon, ce rapport au temps nous permet de mieux saisir le sens du rapport masochiste au corps et à la souffrance, nous permettant par là même de mieux comprendre le sens de l'exhibitionnisme du masochiste, la nécessité et le rôle du témoin dans la mise en scène SM puisque c'est cet autrui, rappelant au passage la dimension sociale du masochisme, qui va ratifier aux yeux du masochiste le succès de son entreprise et lui permettre d'en retirer une satisfaction.

# I-De l'amour à la mort : le plaisir dans la chute

Nous étudierons conjointement le rapport qu'entretient le SM avec l'amour, la mort et le temps. En effet, qu'il soit revendiqué ou nié, l'amour est un élément central de la relation SM. Il en est de même pour la mort, non seulement en raison des risques que supposent certaines pratiques mais également parce qu'elles sont l'expression d'un attrait pour la mort en elle-même. Ce sont ces conceptions spécifiquement masochistes de l'amour et de la mort qui nous permettent de comprendre la mise en scène SM comme s'évertuant à construire un espace-temps hors du temps, figé, pour reprendre l'analyse de Deleuze. Stoppant ainsi l'écoulement du temps, le SM et le masochisme s'avèrent être à la fois un moyen de frôler la mort, tout en la maintenant éloignée, en repoussant le plus possible le moment de la fin inéluctable. Nous illustrerons ce rapport spécifique au temps et à la mort en nous penchant sur cette pratique SM fréquente qu'est le *bondage*.

## A-De l'amour

### *Souffrir pour être aimé*

Étudier le sadomasochisme en tant que relation et ensemble de pratiques sexuelles nous amène à nous interroger quant à la place et au rôle qu'y joue le sentiment amoureux. Nous tâcherons donc de montrer ici comment l'amour, qu'il soit revendiqué ou nié, se trouve être au cœur de la relation sadomasochiste. D'un point de vue psychologique ou psychanalytique, le désir d'être puni et humilié révèle le besoin d'adopter une attitude féminine passive envers le père. Être battu signifiant être aimé, l'amour prend la forme d'une punition. Plus généralement, rappelons-nous notre propre enfance durant laquelle nous avons été habitués à être des objets d'attention et d'affection lorsque nous tombions malades ou étions blessés. Il n'est d'ailleurs pas rare que des enfants se blessent volontairement, ou du moins le fassent croire, afin d'attirer l'affectueuse attention de leurs parents. Le masochiste recherche donc l'affection des autres à la différence qu'il « veut » être aimé en raison de ses souffrances.

De tout temps en fait, la souffrance est apparue comme une preuve d'amour. Nombreux sont les chants courtois mettant en scène des dames cruelles et sans pitié. C'est par amour pour Guenièvre que Lancelot se comporte lâchement au plus grand tournoi du pays. Dans sa recherche de la souffrance et de l'humiliation, le masochiste témoigne donc de sa volonté de se donner entièrement, physiquement et moralement, à l'être aimé. Soumettre son corps et son âme aux caprices de celui ou celle qu'on aime, auxquels toute liberté est offerte de le manipuler, le torturer et le ridiculiser, est considéré par celui qui s'y prête comme la plus grande preuve d'amour. Le sadomasochiste prend au pied de la lettre des expressions populaires telles que : « mon corps t'appartient » ou « je suis à toi corps et âme ». Et des chaînes symboliques de l'amour, il veut être réellement entravé. Ce désir d'être attaché à l'autre autant symboliquement que physiquement explique d'ailleurs pourquoi le *bondage* est une pratique si répandue. On y retrouve le désir de s'abandonner totalement à l'autre, de fusionner avec lui. A ce stade, on peut envisager l'amour liant le soumis à son maître comme une soif d'amour absolu, au-delà des normes et des conventions.

Mais si l'amour est un moteur essentiel pour l'esclave, n'omettons pas qu'il en est de même pour le maître qui accepte de répondre aux envies de son soumis. Ainsi, un sadochiste déclare : « Je vis avec une esclave pour laquelle j'ai beaucoup d'amour, même si cela peut paraître complètement fou, mais je prends du plaisir à l'avilir, à l'exhiber dans des tenues provocantes, à lui faire du mal. »[1] Il est tentant de ne voir dans le sadochiste qu'un être dénué de tout sentiment pour son soumis, se servant de l'amour qui lui est porté comme d'un moyen de garder auprès de lui une victime consentante, docile et toujours disponible. C'est ici faire l'amalgame entre un maître sadochiste et un sadique. Or, nous l'avons dit, ce sont deux situations bien distinctes. En effet, le sadomasochisme est une relation centrée sur le masochiste sans l'accord duquel rien n'est possible. Une des difficultés auxquelles le sadochiste est confronté réside dans le fait que là où l'affection que l'on porte à l'être aimé nous empêche de lui faire du mal dans une relation amoureuse dites « normale », elle devient, dans le sadomasochisme, le moteur permettant d'infliger la souffrance. Il devient alors aisé d'imaginer le trouble que doit occasionner la nécessité de faire souffrir moralement et physiquement la personne que l'on aime, même si elle est consentante.

---

[1] CHRISTIN B., MONSCIANI H., HOGAR S., « SM. Y a pas de mal à se faire du bien », *La tribune des swingers*, janvier/février/mars 1999, numéro 3, p. 75.

## *Le sentiment amoureux remis en cause*

Autant, au vu de ce que nous venons de dire, il est aisé d'imaginer qu'un maître feigne l'amour pour obtenir de son soumis la réalisation de ses fantasmes, autant il est plus étonnant de voir comment un masochiste peut rejeter toute marque d'affection de la part de son maître. Pourtant, Marie L. écrit : « Je n'aime pas qu'on m'aime, je ne veux pas qu'on m'aime »[1]. Elle persiste en parlant ainsi de son maître du moment : « Très vite la violence de R. ne m'a plus suffi. Parce qu'il m'idéalisait sans doute trop, il n'arrivait que modérément à marquer ce corps qu'il chérissait. Peut-être m'aimait-il ? […] Je reprochais à R. de se laisser aller trop facilement à des écarts affectifs. […] Je l'ai repoussé, durement. J'étais furieuse, cet homme ne devait, en aucun cas, s'échapper du rôle dont je l'avais investi. »[2] Le sentiment amoureux n'est finalement pas indispensable au maintien d'une relation sadomasochiste. En effet, dans cet extrait, le sadochiste apparaît clairement comme n'étant que l'instrument du fantasme du masochiste et si ce dernier se réifie volontairement, il réifie également celui qu'il charge de sa propre réification. Une mise au point similaire est faite dans *Dolorosa soror*, mais cette fois-ci par le sadochiste, conscient de son rôle et de son statut d'instrument : « Je dois dire que je l'ai loyalement prévenue que tout ce qu'elle éprouvait pour moi n'était qu'un leurre, un piège de sa mauvaise conscience, une échappatoire pour éviter de s'aimer, elle. […] Que je voulais que ce soit sa volonté qui la donne à moi, et non sa faiblesse, ou ce

---

[1] L. Marie, *Confessée, op. cit.*, p. 8.
[2] *Idem*, p. 28-29.

qu'elle appelait son amour. »[1] Dans de telles relations, ce n'est donc plus l'amour qui est en jeu, mais le plaisir sexuel dans la soumission, l'humiliation et la souffrance, quand il ne s'agit pas clairement d'une entreprise d'autodestruction. L'esclave est l'objet sexuel de son maître qui n'est plus que l'instrument du fantasme de l'esclave. Ceci ne marquerait-il pas d'ailleurs le franchissement de la frontière séparant une pratique *soft* d'une pratique « pathologique » ? L'invocation de l'amour dans le sadomasochisme ne serait alors destinée qu'à masquer l'impersonnalité des relations sexuelles entre sadomasochistes.

 Nous sommes donc confrontés à un problème. Que penser, donc, du sentiment amoureux comme créateur de lien quand ceux qui le posent comme indispensable se rétractent presque aussitôt ou inversement ? Si on ne peut parler d'amour véritable, peut-être peut-on évoquer une illusion de l'amour qui permettrait aux partenaires de mieux vivre et légitimer leurs fantasmes ? Cette illusion garantirait l'équilibre entre les partenaires et permettrait à la relation de durer. L'amour unissant Séverin à Wanda finit pourtant par disparaître après que cette dernière ait transgressé les clauses du contrat. Dans ce cas, on peut se demander si, finalement, ce qui les unit n'est pas tant l'amour qu'une attirance mutuelle et surtout le fruit du travail de persuasion de Séverin. Le lien, là encore, n'est plus l'amour véritable mais son illusion et avant tout, le respect des normes établies par contrat, auxquelles il incombe à Wanda, instrumentalisée par Séverin, de se soumettre. C'est pourquoi, dès lors qu'elle ne respecte plus les termes du contrat, le sentiment amoureux s'évanouit et Séverin le rejette de la même manière qu'il rejette Wanda.

---

[1] DUGAS F., *Dolorosa soror*, *op.cit.*, p. 21.

L'amour de l'autre, dans cette optique, est donc plus un moyen que la source ou une fin en soi. En effet, il permettrait au masochiste de se déculpabiliser, de pouvoir se dire qu'il n'est pas un « pervers » puisqu'il fait tout ça par amour. Et pour le sadochiste, il s'agit à la fois de nier son instrumentalisation et de se déculpabiliser lui aussi en se disant : « je te maltraite parce que je t'aime, et non parce que j'aime te maltraiter ». Mais ne serait-ce pas là aussi une culpabilisation supplémentaire du masochiste à qui son maître dirait : « C'est ta faute si je te maltraite car c'est toi qui es masochiste et non moi qui suis sadique » ? Ceci n'est pas sans faire écho aux propos de Bourdieu qui nous conduisent à considérer l'amour véritable comme n'étant pas tant une absence de domination au sein de la dyade amoureuse qu'une domination réciproque et consentie.

L'amour ne constitue donc pas le principal créateur de lien dans la relation sadomasochiste. Mais l'est-il plus pour autant dans une relation plus classique ? Pourtant, il serait hâtif autant qu'erroné de généraliser en concluant que l'amour est impossible et inexistant entre sadomasochistes, qu'il ne se réduit qu'à un instrument de déculpabilisation. Il serait toutefois intéressant de déterminer dans quelle mesure la pratique sadomasochiste précède ou suscite le sentiment amoureux. Néanmoins, si nous partons de l'hypothèse que l'amour n'est pas l'unique vecteur du lien dans le sadomasochisme, la question n'est plus celle de l'existence du sentiment amoureux mais de son objet. En effet, l'objet d'amour, dans le sadomasochisme, ne serait-il pas tant l'autre que le plaisir, la douleur et la mort ? Les sadomasochistes s'uniraient et s'instrumentaliseraient les uns les autres pour célébrer ensemble et chacun à sa manière, complémentaire, leur amour et leur défiance envers la mort. Mais peut-être est-ce après tout ce rapport à l'amour qui marque là encore la différence entre un sadomasochisme *soft* et la pathologie ?

## B-De la mort

Le masochisme peut donc être à la fois compris comme une manifestation des plus théâtrales de l'amour pour autrui et comme une attirance teintée de défiance envers la mort. Selon Bataille d'ailleurs, le mouvement d'amour, lorsqu'il est porté à l'extrême, devient un mouvement de mort. Et Sacher-Masoch reconnaissait par ailleurs par contrat à Wanda le droit de vie et de mort sur lui-même. Là encore, le masochiste ne fait que prendre au pied de la lettre des expressions populaires comme : « je t'aime à en mourir », « je donnerais ma vie pour toi » ou encore « je t'offre ma vie ». Nous tenterons ici de comprendre les mécanismes, le sens et le but de cette confrontation à la mort.

### *1-Nature, mort et culture*

D'une manière générale, le rapport masochiste à la mort s'enracine dans une certaine conception de la nature. Celle-ci est perçue comme sauvage, destructrice et violente, voire malfaisante, à l'inverse du pouvoir social et régulateur du monde des hommes. Ceci est particulièrement visible chez Sade pour qui la justice n'est qu'une création humaine pour s'opposer à la nature. Cette dernière est pour lui profondément et fondamentalement injuste et sauvage.

Cette vision sauvage et meurtrière de la nature, non seulement légitime le crime dans l'œuvre sadienne, mais procède à une sorte de disparition de la mort, dissoute dans la nature, cette conception s'inscrivant dans le courant de pensée voulant que de la mort, du corps mort et de sa corruption émerge la vie.

C'est au tournant des XVI$^e$ et XVII$^e$ siècles que s'opère, discrètement, cette transformation de notre conception de la nature et de la mort pour finalement aboutir, à la moitié du XVIII$^e$ siècle, à la vision sadienne de la nature. A l'origine en effet, l'homme est, ou du moins se perçoit comme étant face à une nature hostile. La société, la culture, la morale et la religion apparaissent alors comme autant de moyens de maintenir et de contenir la violence de la nature hors de la communauté humaine. Or, ce rempart a deux points faibles qui sont l'amour et la mort, autant de brèches par lesquelles la nature dans ce qu'elle a de plus sauvage s'introduit dans le monde ordonné et pacifié des hommes. La société a donc cherché à renforcer ces deux points d'entrée en contenant la sexualité dans un système d'interdits et en privant la mort de sa violence en en faisant un passage. Ainsi, le sexe est-il contenu dans la chambre et la mort dans le cimetière. Il s'établit alors une symétrie entre le monde ordonné des hommes et le monde sauvage de la nature. Mais l'équilibre est précaire et c'est d'ailleurs une des fonctions de la fête que de gérer les échanges entre les deux mondes afin de le maintenir. Or, les transformations de la conception de l'individu et de la mort, qui apparaissent subrepticement au Moyen-Age pour devenir plus visibles au XVII$^e$ siècle suite aux grandes réformes religieuses, provoquent une rupture dans la défense face à la nature. Et la violence de cette dernière réapparaît avec d'autant plus de force au XIX$^e$ siècle lorsque l'homme, *via* le progrès technique, s'emploie à dompter la nature.

Considérer le SM comme une déviance est donc lié à cette nouvelle vision de la mort qu'on tente d'effacer et qu'il réintroduit dans et par le sexe, ce qui équivaut à une double intrusion dans le monde des hommes puisqu'il réintroduit la nature sauvage tout en mettant à mal l'édifice de contrôle de la sexualité. Or, ce retour est d'autant plus violent que, certes l'homme a toujours eu peur de la mort, mais jamais au point de refuser de la voir comme c'est le cas aujourd'hui. D'ailleurs, ce qui nous effraie n'est pas tant la mort en soi que l'idée que nous en avons et une des fonctions de sa ritualisation est précisément de diminuer cette angoisse.

## *Aimer la mort*

Comme nous l'avons vu, la fonction du sentiment amoureux dans la relation sadomasochiste est délicate à cerner. De plus, ces considérations nous ont amené à réfléchir quant à l'objet de ce sentiment. Et sans nier la réalité de l'amour unissant les sadomasochistes, nous avons également fait l'hypothèse que ce sentiment pourrait avoir entre autres objets la douleur et, à travers elle, la mort. C'est pourquoi nous traiterons ici du SM comme d'un rapport à la mort, ce qui sera l'occasion d'ailleurs de comprendre que les réactions de rejet que suscite le SM proviennent précisément de ce qu'il lie intimement amour et mort.

Loin de nous l'ambition d'être exhaustif concernant la généalogie des rapports ambigu qu'entretiennent l'amour et la mort mais notons toutefois qu'un net rapprochement entre Eros et Thanatos s'opère à la fin du XV$^e$ siècle. Il est visible, par exemple, dans les représentations des danses macabres qui, de chastes aux XIV$^e$ et XV$^e$ siècles, deviennent violentes et se teintent d'érotisme au XVI$^e$ siècle. La mort est désormais animée d'un désir de jouissance. Cette transformation de la mort est également manifeste dans l'évolution de la représentation des martyres, qu'il s'agisse de sainte Agathe plongée dans une extase amoureuse et mystique ou des souffrances de saint Sébastien suscitant l'émotion des saintes femmes. Une évolution similaire est perceptible dans la littérature où les premiers signaux de la mort suscitent désormais l'amour et le désir.

Ce rapprochement est en fait la conséquence d'une transformation de la conception de la mort qui suppose désormais la violence et la souffrance. Or, cette violence trouve chez celui qui la contemple des échos de nature sexuelle. La confusion entre la mort et le plaisir devient telle que, non seulement la première magnifie le second, mais le corps mort lui-même devient peu à peu l'objet du désir. Ainsi, là où la mort mettait fin, sinon au sentiment amoureux, à sa concrétisation et à sa réciprocité, s'opère, au tournant des XVI$^e$ et XVII$^e$ siècles, une transformation par laquelle on continue d'aimer, non plus la beauté du seul corps vivant mais aussi du corps mort. Nous trouvons d'ailleurs dans la littérature du XIV$^e$ siècle des évocations de cet amour pour le mort de même que le théâtre du XVII$^e$ siècle met en scène des amants s'étreignant au fond des tombeaux. Le cimetière devient alors un lieu suscitant le désir, sans toutefois aller jusqu'à la nécrophilie, même si celle-ci est fréquente dans l'œuvre de Sade. Et la littérature du XIX$^e$ abonde d'histoires nécrophiles, dont certaines par ailleurs sont vraies. Mais, dans la perspective qui est la nôtre, il ne s'agit pas tant de l'amour pour un mort que de l'amour de la mort.

**Apprivoiser la mort**

Si la pulsion de vie nous incite à la domination, la pulsion de mort nous incite-t-elle à la soumission, la mort nous rappelant à notre condition et à la réalité de notre défaite programmée dans le cadre du combat pour la (sur)vie qui nous oppose à elle ? Le SM, par sa confrontation symbolique avec la mort, est une manière de s'y préparer, de gagner quelques batailles en sachant qu'on perdra la guerre. Le masochiste meurt mais, à sa manière, il aura vendu chèrement sa peau.

Le sadomasochisme est en effet un moyen de donner un visage à la mort, de choisir son « assassin », son bourreau, de mieux se familiariser avec cette mort irrévocable. Le fantasme sadomasochiste se révèle être une sorte de processus d'euphémisation permettant de mieux la supporter, semblable à celui qui transforme les divinités morticoles en belles jeunes filles (fées nordiques, belle Calypso dans la légende d'Ulysse). Nous avons ainsi à la fois une banalisation et une sexualisation de la mort dans le but de mieux la vivre, à défaut de l'annuler. Dans cette perspective, le sadomasochisme permet une mise en scène faite de simulacre et d'avant-goût de la mort par laquelle, non seulement ses adeptes en apprivoisent l'idée, mais en plus en tirent du plaisir. Etant la seule « convention » qu'il ne peut transgresser, il s'agit pour le sadomasochiste de faire de la mort une source de plaisir permanent. La relation sadomasochiste, en donnant un visage à la mort, permet donc de s'habituer à elle, de la contrôler, de la défier et de lui échapper une fois de plus, même s'il ne fait aucun doute que c'est elle qui vaincra en fin de compte, remettant en question le principe de Reik selon lequel le masochiste perd tous les combats sauf le dernier puisque, dans ce cas, c'est précisément le contraire. Conscient de la mort, le masochiste vit pleinement avec cette idée sans hésiter à surenchérir puisqu'elle devient une source de plaisir.

## *La mort : une confrontation à la limite*

Certes, les pratiques sadomasochistes sont des pratiques à risque. Mais quelles significations revêt cette prise de risque dès lors qu'on l'envisage dans ce rapport spécifiquement masochiste à la mort ? Le Breton nous permet de mieux la comprendre lorsqu'il évoque l'ordalie moderne. Il ne s'agit en effet pas tant d'une recherche de la mort que d'une quête de sens par une confrontation avec elle. La victoire sur cette dernière fait naître un sentiment d'élection chez l'individu, comme si de cet échange symbolique avec la mort il était revenu porteur d'une part de sacré lui garantissant la légitimité et la valeur de son existence. L'ordalie possède une dimension masochiste car ce sont la confrontation à la mort et à la souffrance, la contrainte que cela suppose qui vont attirer sur l'individu l'attention du groupe, lui permettant ainsi d'exister, d'obtenir une certaine reconnaissance.

Pour Le Breton, c'est parce que la société et la culture échouent à donner une valeur à l'existence que l'individu s'en remet à cette ultime instance qu'est la mort pour surmonter cette crise existentielle, toute victoire offrant une garantie supplémentaire de la valeur de l'existence. Selon lui en effet, les sociétés occidentales contemporaines n'offrent plus de repères clairs et cohérents à celui qui, malgré l'action des déterminismes sociaux, ne trouve plus dans sa culture les références nécessaires à sa construction identitaire. Cette crise de nos sociétés serait liée à un accroissement exponentiel de références, notamment sous l'impulsion des avancées techniques et scientifiques, ainsi qu'à une profusion de références. Livré à lui-même, en quelque sorte responsable de sa propre construction identitaire, il cherche en lui-même les référents qu'il devrait trouver dans sa culture. Or, cette liberté par rapport aux déterminismes sociaux et culturels génère chez l'individu des tensions et des angoisses qui le font s'interroger quant à la valeur et la signification de sa propre existence. Par l'ordalie, il cherche alors ses réponses dans la confrontation avec la mort. Mais l'oracle a un prix, le risque de mourir.

Les pratiques à risque permettent donc d'une certaine manière de matérialiser des limites symboliques qui n'existent plus ou ne sont plus perçues comme telles. Or, Le Breton considère la limite comme une nécessité anthropologique permettant à l'individu de s'éprouver comme un être caractéristique et distinct des autres. C'est d'ailleurs cette singularité qui lui permet de trouver une valeur à son existence. Il note au passage que la psychose est liée à l'absence de limite entre soi et le monde, entre soi et les autres. Ainsi, l'expression « s'éclater » est le signe d'une volonté de dépasser ses limites dans et par un rapport à la mort, puisque cela suppose aussi l'explosion, la déchirure de sa propre enveloppe. L'effacement de sa propre identité est une autre manière de briser ses limites. Devant l'impossibilité de trouver une valeur, une signification à son existence, l'individu procède de lui-même à la lente dilution de son identité. Que ce soit par l'alcool, la drogue ou la fugue, le lien avec autrui disparaît progressivement. Certains témoignages de masochistes font d'ailleurs très explicitement état de cette volonté de voir effacer leur identité.

La confrontation à la mort trouve son origine dans la tentation de transgresser l'interdit qui l'entoure. Et cette tentation est d'autant plus forte que l'individu ne se reconnaît pas dans les limites posées par sa société et que le transgresseur gagne en puissance symbolique. Mais le risque n'est une valeur que lorsqu'il est volontaire et dans une société qui fait tout pour l'éloigner et la société à vocation sécuritaire interdit toute activité dangereuse à l'individu. La prise de risque devient alors un moyen de se créer un espace provisoire de liberté et d'affirmation de son individualité, d'autant plus que c'est le caractère volontaire de la prise de risque qui génère ce sentiment d'élection qui redonne du sens et de la valeur à l'existence. Le survivant d'une confrontation involontaire à la mort a le plus souvent tendance à culpabiliser d'être encore en vie alors que d'autres ont péri.

## C-Le temps

Les sexualités *hard* en général et le masochisme en particulier sont donc une manière de mieux vivre les tensions issues de la conscience aiguë qu'on peut avoir de la mort, de l'amour, de la violence de la nature menaçant sans cesse de déferler sur le monde organisé et pacifié des hommes. La mise en scène SM a donc entre autres fonctions de permettre une confrontation avec cette violence et d'en retirer une satisfaction ne se limitant pas au seul sentiment d'en sortir victorieux. Or, un des traits caractéristiques de la mise en scène et qui est la conséquence directe de cette conception de la mort et du lien qui nous unit à elle est son rapport spécifique au temps.

## *Un rapport au temps spécifique*

La sexualité classique conçoit l'orgasme comme le point culminant du plaisir. Le sadomasochiste trouve au contraire le sien dans la durée qui le sépare de l'orgasme perçu certes comme le maximum du plaisir mais également et surtout comme sa fin. Il s'agit donc de remettre à plus tard cette satisfaction paroxystique pour maintenir cet état de plaisir le plus longtemps possible. Nous comprenons mieux alors pourquoi un masochiste déclare : « Le raté fondamental est de vouloir avoir du plaisir tout de suite. La jouissance signifie l'arrêt. »[1] Le plaisir se maintient donc dans un état de frustration au point que l'orgasme devient frustrant dans la mesure où il signifie la fin du plaisir.

Il s'agit donc de prolonger le prélude du plaisir afin d'éviter sa fin, un peu comme l'enfant qui garde le morceau favori du goûter pour plus tard. Dans le sadomasochisme, ce délai est allongé à l'extrême, comme si l'enfant repoussait le moment de savourer son morceau favori au point de ne jamais le manger, ce qui aboutit à une absence de plaisir. Le masochiste est donc celui qui vit dans l'attente. Il repousse l'instant du plaisir en introduisant une

---

[1] *In* COUSIN P. (dir.), *SM. L'encyclopédie du sadomasochisme, op. cit.*, p. 304.

douleur, elle-même attendue, qui l'autorise. Le sadomasochisme se joue du temps, joue avec le temps d'une manière différente de celle couramment admise. Pour comprendre ce rapport au temps, il faut comprendre le temps « normal » comme étant celui du productivisme, linéaire et progressiste. Il s'agit d'atteindre des lendemains qui chantent. Le sadomasochisme, notamment quand il prend la forme du *bondage*, de la suspension ou de l'enfermement, étire le temps à l'infini, se perd dans l'instant présent, rompt avec le temps de la vie courante. Mais le rapport masochiste au temps s'inscrit également dans cette distinction qu'opère Hobbes entre les fins prochaines et les fins éloignées, les premières n'étant, en définitive, que les moyens de parvenir aux secondes que les « anciens Philosophes » nomment félicité et qui, n'appartenant pas à notre monde, ne peuvent être atteintes. Par conséquent, notre existence se résumerait à une suite sans fin de désirs inassouvis. Mais une telle conception du désir ne relève-t-elle pas du masochisme puisqu'il s'agit de maintenir le plus longtemps possible un état de désir qui devient une finalité en soi ?

Dans le sadomasochisme, les notions de temps et tension sont étroitement mêlées. L'essentiel n'est finalement pas tant la souffrance, la punition, que la crainte de la punition qui augmente d'autant plus qu'elle tarde à venir. Le plaisir ne provient pas de la satisfaction d'un besoin, mais de l'état de désir, de l'attente, du délai séparant le masochiste de sa satisfaction. Dans la gastronomie par exemple, l'important n'est pas tant de combler sa faim que de savourer un mets, ce qui revient à mettre un délai, dont on va tirer satisfaction, entre le moment où on a faim et celui où elle va être comblée. Des pratiques comme le *bondage* ou l'enfermement relèvent de ce rapport au temps pendant lequel vont augmenter la tension et l'angoisse du soumis qui ne sait pas quel sort lui est réservé. L'excitation sexuelle est certes accrue par la souffrance, mais c'est avant tout le délai qui entre en jeu, comme si le masochiste se demandait : « Puis-je céder maintenant à la volupté ? Non, pas encore, il y a encore plus de souffrance à endurer ». Et ce jusqu'à ce que finalement la coupe soit remplie et que le masochiste puisse enfin se permettre le plaisir. C'est en effet, rappelons-le, parce que le masochiste estime ne pas mériter d'accéder au plaisir que l'attente lui est nécessaire, d'autant plus qu'elle va accroître sa peur et stimuler son imagination, le fantasme s'avérant supérieur à sa réalisation.

Notons que le temps masochiste diffère radicalement du temps sadique ou plutôt sadien. La surenchère caractéristique de l'œuvre de Sade montre en effet qu'à l'inverse du masochiste qui va en quelque sorte arrêter le temps, le suspendre comme il se suspend lui-même parfois, le sadique va l'accélérer. Ainsi en témoigne la trente et unième passion du mois de janvier : « Il fout une chèvre en levrette, pendant qu'on le fouette. Il fait un enfant à cette chèvre, qu'il encule à son tour, quoique ce soit un monstre. »[1] Or, le rapport au temps du sadochiste, lui, obéit à la logique masochiste. « La seule chose qui l'excitait réellement, écrit Murakami, était l'attente, l'attente de la fille, « comment sera cette fille ? » jusqu'au moment où elle pénétrait dans la chambre. C'était ensuite « de quoi aura-t-elle l'air nue ? » jusqu'à ce que Kyoko fût nue, le regard brouillé par les larmes […] Ensuite, plus rien ne l'excitait »[2]. Nous voyons également ici la dimension créatrice et évocatrice de l'attente durant laquelle, comme pour le masochiste, le fantasme va prendre forme. Ce qui est source de satisfaction n'est pas tant l'acte en lui-même que sa représentation durant la période le séparant de la réali-

---

[1] SADE D.A.F., *Les 120 journées de Sodome*, op. cit., p. 388.
[2] MURAKAMI R., *Ecstasy*, op. cit., p. 112.

sation de son fantasme. Là encore, c'est le fantasme et non sa réalisation qui est source de satisfaction.

## De la fonction de cette temporalité

Dans sa mise en scène, le masochiste évoque en réalité ce qu'il craint. C'est par conséquent sa façon de « prendre le taureau par les cornes », d'aller de l'avant, de vaincre son angoisse, un peu comme l'enfant qui, craignant de se brûler, va passer son bras sous l'eau chaude pour s'habituer à cette sensation désagréable. En effet, la victime d'un choc traumatique cherche à ne plus penser à la situation à l'origine de ce choc pour ne plus revivre l'angoisse vécue. Le masochiste, à l'inverse, cherche à reproduire et faire durer le plus longtemps possible ce moment, comme si le revivre lui permettait finalement de diminuer son angoisse. Il s'agit donc de se confronter à ses peurs pour les surmonter plutôt que de les fuir. L'érotisation de ces peurs peut alors rendre le processus plus aisé et plus efficace.

Plus généralement, le temps qui s'écoule suppose l'usure, de même que la vie suppose la mort. Construire un espace et un temps hors du temps comme le font les sadomasochistes apparaît alors comme un moyen de retarder l'inéluctable. Là où la mort signifie la négation du temps, le plaisir suppose alors l'éternité. Or, l'anticipation de cette fin rend le plaisir douloureux car il rompt cette éternité. Tout plaisir comporte donc cette part de frustration qu'est la conscience qu'il ne durera pas toujours. Aussi, par sa gestion du plaisir et du temps, le SM tente de rendre cette éternité au plaisir.

Le sadomasochisme suppose donc un rapport spécifique au temps. Mais est-il vraiment le seul processus, la seule relation sociale à être régie par une telle conception ? Mauss rappelle l'importance sociale de l'attente dans la vie courante. Le crime est d'ailleurs la violation de l'attente qu'impose le respect de la règle. L'économie repose également sur l'attente, qu'on parle de spéculation, de crédit ou même plus simplement de loterie. Mais l'attente est aussi ce sur quoi repose la croyance en l'illusion de la magie, du sacré.

D'une manière générale, une satisfaction est considérée légitime et durable à condition qu'elle soit précédée d'un délai contraignant. Le mythe a d'ailleurs tendance à ne considérer une satisfaction durable que si elle n'est pas immédiate. L'immédiateté est toujours éphémère. Le propre du christianisme est d'ailleurs d'avoir systématisé ce rapport masochiste au temps puisque non seulement la satisfaction est consécutive à une période de contrainte mais elle est même repoussée dans l'Au-delà. Or, une telle conception du temps diminue l'attrait pour la vie et la force du lien social.

Le rapport individuel au temps est toutefois conditionné par les évolutions culturelles. Jadis inscrit dans une continuité, une généalogie, l'homme, au nom de l'affirmation de son individualité, s'est peu à peu exclu de cette généalogie pour se réfugier dans l'instant. Il vit désormais sans attaches, mais également sans passé ni futur. Il ne vit plus que dans l'instant, celui de la consommation, du plaisir, mais également de la solitude et de l'angoisse. Cette conception nouvelle du temps a d'ailleurs des conséquences sur le plan économique. On cherche en effet aujourd'hui la rentabilité instantanée. On préfère le profit immédiat à celui à long terme. Or, si on ne croit plus au futur, c'est peut-être parce que l'actuelle profusion d'informations évoquée par Le Breton nous l'a rendu énigmatique, indéchiffrable, effrayant. Les institutions, comme la famille ou l'école, n'arrivent plus à inscrire l'individu dans une continuité, à lui transmettre un héritage, ni à lui désigner un futur. Ceci expliquerait notamment pourquoi l'homme se réfugie parfois dans un passé perçu comme un âge d'or.

## D-Le *bondage* et la symbolique de la chute

Nous nous attarderons ici sur les pratiques relevant du *bondage,* d'une part, parce qu'elles furent fréquemment évoquées par nos témoins et, d'autre part, parce qu'elles illustrent parfaitement le rapport spécifiquement masochiste au temps et à la mort, ce qui explique peut-être d'ailleurs leur popularité. A cette fin, nous peindrons un rapide tableau des origines du *bondage* puis nous montrerons comment les divers sens symboliques qu'il recèle relèvent de préoccupations symboliques et culturelles dépassant le seul cadre de la sexualité.

### *Le bondage*

Le terme « *bondage* », d'origine anglo-saxonne, signifie « esclave, servitude ». D'ailleurs, son étymologie, « bond », se traduit par « lien ». Il s'agit donc d'une pratique érotique consistant à ligoter son partenaire durant le jeu sexuel. Il est de notoriété publique que le *bondage* est une pratique prisée au Japon. Appelé *shibari*, il s'inscrit dans cet attrait typiquement japonais pour les nœuds en général. Une certaine forme d'offrande consiste à nouer des herbes ou des branches d'arbre afin d'y fixer une part de ses propres forces. L'action même de nouer protège des mauvais esprits, permet d'empêcher les esprits vitaux de quitter un corps, de sortir d'une boîte, de les attacher à quelque chose. Le *shibari* serait le fruit de l'érotisation d'un art martial. Ce rapprochement peut paraître excessif de prime abord, pourtant les techniques de liage utilisées dans le *bondage* japonais ressemblent effectivement à celles d'un art martial, le *hojo-jutsu*, consistant à ligoter un criminel d'une manière particulière en fonction du délit commis, ce qui permettait d'ailleurs au citoyen d'identifier son crime.

Concernant l'apparition de la pratique du *bondage* en Occident, nous trouvons déjà dans la *Psychopathia Sexualis* de Krafft-Ebing la description du cas d'une personne fascinée par les scènes d'enchaînement. Si on en croit Maillard, cette érotisation de l'art du ligotage naît à la fin du XIXe siècle, ce qui coïncide au début des relations et des échanges culturels franco-japonais. Gardons-nous toutefois de nous laisser aller trop facilement à penser que les Européens n'ont fait qu'érotiser un art japonais du ligotage, d'autant plus que Maillard note lui-même que certains accessoires propres au *bondage* occidental rappellent sans équivoque la torture et l'inquisition. Il attire notre attention sur la relation entretenue par les concepts de nœuds et de maîtrise, tout particulièrement visible dans le milieu de la marine à voile. En effet, la maîtrise du nœud et des cordages confère au navire le pouvoir de lutter contre les éléments. Détenir la science des nœuds revient en quelque sorte à garantir la bonne marche du navire, à posséder symboliquement un pouvoir sur/contre les éléments. Notons pour l'anecdote qu'un de nos témoins nous a conseillé, au cas où nous souhaiterions nous initier au *bondage*, de consulter un dictionnaire des nœuds marins. Le *bondage* occidental est certes le fruit de l'érotisation d'un art du ligotage, mais qui ne s'inspire pas, ou du moins pas seulement, du *shibari*. Nous sommes plus enclin à penser que les relations franco-japonaises ont permis à deux traditions du *bondage* de se rencontrer, puis de s'influencer l'une l'autre. Mais, d'après nous, ces deux traditions sont nées et se sont développées indépendamment l'une de l'autre. Et dans la mesure où le *hojo-jutsu* comme les tortures de l'inquisition sont étroitement associés au principe de mort, le *shibari* et le *bondage*, en tant que version érotisée de ces « arts » de la contention, peuvent revêtir une fonction cathartique et être, là encore, perçus comme des moyens de mieux vivre l'angoisse de la mort.

Les pratiques relevant du *bondage* nous montrent que, contrairement aux représentations que l'on peut en avoir, le sadomasochisme peut donner lieu à des situations plaisantes et indolores comme, par exemple, la sensation agréable d'être suspendu, ou de flotter, qui rappelle sinon la chute, au moins la descente. L'enfant ressent d'ailleurs un plaisir de cet ordre à être soulevé ou redescendu, à être bercé par sa mère. Aussi, pour certains, cette absence de souffrance physique fait que le *bondage* ne relève pas du SM mais plutôt de la domination et de la soumission[1]. Toutefois, cette distinction nous apparaît quelque peu simpliste, voire excessive, dès lors qu'on envisage le SM et le

---

[1] On nous a d'ailleurs expliqué la différence entre masochisme et soumission. Le masochisme, dans cette perspective, s'inscrit dans la recherche de la douleur alors que la soumission peut n'être le fait que de situations humiliantes, gênantes, où la domination est essentiellement mentale et morale.

*bondage* comme étant deux sous-catégories relevant de la sexualité *hard*, et par conséquent susceptibles de se combiner, se mêler. De plus, considérer le masochisme comme un processus relevant d'un rapport spécifique au temps et à la contrainte le distingue de l'algolagnie[1] et, de ce fait, confirme bel et bien que, dans la mesure où le *bondage* relève de la sexualité *hard*, il peut à l'occasion relever du SM. *Bondage* et masochisme sont donc étroitement liés, mais ne succombons pas à la tentation de les confondre.

La suspension et le *bondage* comptent parmi les pratiques SM les plus prisées parce que le rapport au temps qu'ils supposent est typiquement masochiste. La suspension et l'attente renferment cet élément d'incertitude générateur d'angoisse ainsi que l'idée qu'il n'y a pas d'aboutissement prévu pour cet état. De plus, un lien subtil unit la chute que le masochiste offre à son maître comme à lui-même ainsi que le mouvement de descente suggéré par les pratiques relevant du *bondage*. Le risque est d'autant plus grand que l'on sait qu'à tout moment la descente peut se transformer en chute, la durée et la lenteur marquant la différence entre la descente et la chute.

### *La symbolique de la chute : du vertige de la tentation à la tentation du vertige*

Toute la symbolique relevant de la chute peut être comprise comme un reflet de l'angoisse humaine devant la temporalité mais aussi comme étant liée au mouvement de chute inhérent à la naissance et à l'apprentissage de la marche. De nombreux mythes et légendes mettent l'accent

---

[1] Par algolagnie, nous entendons l'érotisation de la seule souffrance.

sur l'aspect catastrophique de la chute. Ce thème de la chute comme punition puiserait son origine dans un épisode du Bundehesh où Ahriman est rejeté sur la Terre pour avoir tenté de prendre les cieux d'assaut. Sa chute a d'ailleurs creusé le gouffre qu'habitera ensuite le Prince des Ténèbres. Cette moralisation sous forme de punition s'avère être une matérialisation physique, une mise en mouvement du temps qui passe, néfaste et mortel. Dans certaines Apocalypses apocryphes, la chute est même confondue avec la possession par le mal, elle devient l'emblème du péché, de la fornication, de la colère, de la jalousie, de l'idolâtrie et du meurtre. Les menstruations sont également souvent considérées comme les suites secondaires de la chute. On aboutit alors à une féminisation de la chute et du péché originel, la terreur du gouffre s'euphémisant alors en une crainte du coït, visible notamment dans le mythe du vagin denté.

Plus proche de nous, le roman *Fight Club* est parsemé de nombreuses incitations à caractère masochiste liées à cette symbolique de la chute. Il s'agit en effet pour le personnage principal « de fuir toute idée de progrès personnels », de se « précipiter au pas de course vers le désastre »[1]. Il se trouve dans une logique masochiste voulant que seules sa souffrance, sa déchéance et sa chute lui permettront d'être sauvé. Ce « n'est qu'après le désastre, dit-il, que nous pouvons ressusciter [...]. Et si je ne dégringole pas complètement, je ne peux pas être sauvé. Jésus l'a bien fait avec son truc de crucifixion. »[2] La référence au Christ n'est pas fortuite. Cette symbolique de la chute typiquement masochiste est un des fondements du christianisme puisque la souffrance est présentée comme étant le seul moyen d'obtenir une satisfaction. De même, ce rapport ca-

---
[1] PALAHNIUK C., *Fight Club*, Gallimard, Paris, 1999, p. 91.
[2] *Idem.*, p. 91.

ractéristique au temps veut que la satisfaction soit la conséquence, la récompense d'une démarche longue et pénible. Il s'agit en fait, dans la descente, de désapprendre la peur. Or, elle risque de se transformer en chute. On retrouve là encore la notion de durée dans l'opposition entre la lente descente et la chute fulgurante. Pourtant, paradoxalement, la chute transforme le vertige en tentation, en tentation de l'échec.

Cette tentation de l'échec permet à Baudrillard de comprendre en quoi et pourquoi l'exercice du pouvoir n'est qu'éphémère. En effet, jamais ne sont élaborées les bases d'une structure stable permettant au pouvoir de s'exercer durablement. Et si celles-ci n'existent jamais, c'est avant tout parce que ce qui est attirant dans le pouvoir, comme dans tout ce qui relève du réel (comme le sexe), c'est non seulement la part d'imaginaire qu'on y greffe mais le risque de le perdre. Le pouvoir a donc cela en commun avec la séduction qu'il augure un échange, une réversibilité. Le risque a alors pour fonction de maintenir les liens sociaux, les échanges entre individus, à travers la perte et la récupération, entre autres, du pouvoir. L'ordre social suppose finalement une irréversibilité sécurisante car stabilisante, là où la séduction, comme le masochisme par l'échange des rôles qu'il suppose, implique au contraire la réversibilité, le défi, la surenchère et la mort.

La séduction est trompeuse car elle détourne l'attention du sens. Le discours se révèle par conséquent paradoxal dans la mesure où il se veut séducteur pour imposer son sens alors même que le principe de séduction l'en détourne. C'est pourquoi Baudrillard considère que tout discours, comme l'exercice du pouvoir, est secrètement tenté par l'échec. Nous retrouvons alors, de manière euphémisée, la notion de confrontation à la mort, celle du sens non perçu, à qui on préfère le rituel séducteur. En effet, ce qui séduit, ce qui attire, c'est le vide, le risque d'y chuter et la confrontation avec la mort. L'ordre social n'est donc pas séducteur puisqu'il supprime le hasard, cette faille, ce gouffre que le risque d'y sombrer rend séduisant. Et Baudrillard déplore que désormais la séduction ait perdu cet aspect agonistique de chute, pour ne devenir plus qu'un média, un vecteur de lien social n'ayant plus de réelle signification, si ce n'est celle de permettre l'interaction interindividuelle.

Une des caractéristiques du risque étant de supposer à la fois la possibilité d'échouer et l'espoir d'une réussite, il rompt ainsi la monotonie, par ailleurs source de l'ennui sexuel, en répondant au besoin de ne pas être sûr de l'issue favorable d'une entreprise. Mais le risque doit être contrôlé, ce qu'il est dans le SM par sa contractualisation, l'exigence du consentement et l'importance accordée à la confiance en son partenaire.

Enfin, cet attrait pour le risque relève du sacré car, comme le dit Bataille, n'est sacré que ce qui est l'objet d'un interdit. Et le sacré incite à la transgression de l'interdit de l'approcher en raison même du « respect fasciné » qu'il impose. C'est cette recherche de l'angoisse qui est en jeu par exemple dans le sacrifice, notamment dans le cas des sacrifices aztèques. En effet, il semble que les sacrifices humains aient remplacé les sacrifices d'animaux à partir du moment où ceux-ci perdirent leur caractère angoissant. Notons également que chez les Aztèques, des amendes étaient prévues pour ceux qui, ne supportant pas de voir les enfants qu'on menait au sacrifice, se détournaient du cortège.

Pour Bataille donc, s'il y a deux choses inévitables, ce sont la mort et le franchissement des limites. Il considère d'ailleurs que mourir et sortir des limites sont une seule et même chose. D'une manière générale nous nous efforçons de considérer la rupture des limites comme un objet perçu en fonction de schémas de pensée conçus par et contenus dans la limite. Nos catégories de pensée sont issues de la limite et nous ne faisons finalement rien pour réellement nous confronter à elle. Du coup, la déviance est-elle réellement une tentative de rompre ces limites ? Sinon, dans quelle mesure est-elle contenue dans ces limites ? Ou alors, contient-elle, génère-t-elle ses propres limites ?

Quoi qu'il en soit, le risque rompt avec la monotonie et la continuité. Et s'il suppose l'échec, il suppose aussi la réussite, ce qui a entre autres conséquences de rendre le monde maîtrisable à nos yeux puisque, désormais, nos actions ont des effets sur lui.

## II-Un rapport spécifique au corps et à la souffrance

Le rapport spécifiquement masochiste au temps relève donc du besoin d'introduire un délai, une contrainte, entre le désir et sa satisfaction. C'est pourquoi, nous l'avons dit, la contrainte et la souffrance ne sont pas obligatoirement physiques. Pourquoi alors nous attarder sur celles-ci ? Parce que la spécificité du rapport SM au corps nous offre l'occasion de revenir sur le traitement dont le corps est l'objet dans nos sociétés. De plus, cela nous permet de faire la lumière sur une des composantes essentielles du masochisme en tant que processus sociologique, soit l'exhibition, la publicité de ce traitement du corps. Dès lors, nous sommes amenés à réfléchir quant aux représentations concernant la douleur dans nos sociétés et au rôle de celle-ci dans la « mécanique » masochiste.

## A-Le corps

### 1-Le corps dans nos sociétés

Le corps, qu'on le tienne pour acquis, est entièrement pris en charge, et ce dès notre naissance, par la société. Il est en quelque sorte sculpté par cette dernière qui y insère, y incorpore ses schèmes de pensée, de perception et d'action afin que ceux-ci puissent agir automatiquement en se passant du média de la conscience, de la réflexion et de l'intention. Ainsi, tout système culturel impose à l'individu au cours des premières phases de la socialisation un dispositif de convenances ayant entre autres fonctions de dissimuler en public les fonctions naturelles du corps et en particulier celles concernant la sexualité. Le sens de la pudeur est un de ces dispositifs. Or, le sadomasochisme heurte parce qu'il bouscule ce sentiment de pudeur. Outre la nudité inhérente à maintes pratiques sexuelles, déviantes ou non, une partie des pratiques sadomasochistes consiste à jouer avec le tabou concernant les fonctions naturelles. Certains sadochistes contraignent leurs soumis à uriner ou déféquer, parfois devant un public d'initiés. On comprend alors le dégoût que peut ressentir celui qui a totalement intégré le sens des convenances de sa culture lui interdisant non seulement d'assouvir ses besoins naturels en public, mais également d'en retirer une satisfaction sexuelle. Dans ce contexte, le SM pose un problème supplémentaire car il suppose l'objectivation de l'individu réduit à son corps, à ses fonctions corporelles, à une mécanique dont on va user de manière contraignante, voire violente. Et cette violence nous renvoie, par identification, à notre propre souffrance et à notre propre mort, que l'on souhaite éviter.

Toutefois, la prise en charge du corps par la société, la culture, ne se borne pas au fonctionnement du corps. Celui-ci est parfois littéralement transformé par la culture. Dans de nombreuses sociétés primitives les modifications corporelles ont un fondement culturel important. Elles marquent le passage, avec succès, des rites d'initiation, l'appartenance au groupe. Dans nos sociétés, les modifications corporelles, comme le tatouage ou le *piercing*, sont au contraire un moyen d'affirmer son individualité. Nous pensons pourtant que l'individu de nos sociétés « modernes » ressent le besoin d'appartenir à un groupe mais que celui-ci est actuellement trop important pour lui permettre de s'exprimer et lui donner le sentiment d'être reconnu en tant qu'individu unique. Par son traitement spécifique du corps, c'est-à-dire en lui infligeant des douleurs et en le marquant, le SM est un moyen parmi d'autres lui permettant, sans quitter son groupe d'appartenance principal, d'en intégrer un autre, plus restreint, à l'intérieur duquel il peut enfin se sentir être « quelqu'un ». Dans la société courante, l'individu peut en effet avoir la désagréable impression de n'être qu'un rouage anonyme alors que dans le SM il demeure un rouage, certes, mais cette fois-ci unique, indispensable et aimé pour ça.

Chaque société dessine donc un savoir singulier sur le corps, lui donne sens et valeurs. Aussi, si le corps dans les sociétés « traditionnelles » ne distingue pas l'homme de la nature, notre conception du corps est, elle, liée à la montée de l'individualisme et de la pensée rationnelle, devenant ainsi le signe de l'individu, le lieu de sa différence, de sa distinction. Le traitement spécifique et hors normes du corps permet, non seulement de se le réapproprier, mais de se réapproprier la faculté de définir soi-même sa propre identité, d'affirmer son individualité. C'est ce que recherche le masochiste pour qui son corps est à la fois l'autel et l'objet du sacrifice, l'instrument par lequel il va réaffirmer sa faculté à résister et à transgresser.

Une des fonctions de la société étant de circonscrire, contenir ces deux aspects de la nature dans ce qu'elle a de potentiellement dangereux et destructeur, s'opposer à la réunion d'Eros et Thanatos revient, d'une certaine manière, à diviser pour mieux régner. Or, le sadomasochisme heurte parce qu'il introduit la violence dans la jouissance, la jouissance dans la violence là où la société nous interdit de montrer en quoi sexe et mort sont liés intimement. De même, il fait la lumière sur certaines parties et certaines fonctions du corps, là où notre culture impose qu'on les laisse dans l'ombre.

On comprend alors mieux les problèmes qu'éprouvent les individus à « penser » leur corps, notamment dans une société où les progrès en matière de biologie, et surtout en médecine, ont tendance à le « démystifier », à le ravaler au rang de simple mécanique. Les rites d'évitement en vigueur dans nos sociétés, la notion de pudeur montrent également combien, dans nos sociétés, le corps est pensé sur le mode de l'absence. Nombreux sont ceux qui se lancent alors dans une recherche éperdue de modèles afin de se le réapproprier et lui donner un sens.

Toutefois, rappelons que le pouvoir s'exerçant sur le corps n'est pas uniquement répressif, il a aussi des effets positifs quand, par exemple, il aboutit à un accroissement de nos connaissances le concernant ou encore lorsqu'il stimule le désir ou même la création artistique.

## *Flagellation et fessée : du corps marqué au corps exhibé*

La fessée est une des pratiques SM les plus répandues, à ce point que parler de sadisme ou de masochisme à son égard paraît excessif, voire hors de propos. Dans l'Antiquité déjà la flagellation était un stimulant sexuel. Et cela ne concerne pas que les humains puisque chez certains animaux, notamment les chevaux, la douleur semble exciter la fonction sexuelle. Cette tolérance s'enracine dans une conception de la fessée comme demeurant liée au monde de l'enfance, à une certaine innocence naturelle. L'enfant étant lavé de tout soupçon de perversité, il devient hors de propos d'incriminer le fesseur ou la fesseuse. La fessée représentant un châtiment minime, on ne peut alors que féliciter son auteur pour son indulgence. Elle permet ainsi d'assouvir, au moins partiellement, ses élans sadomasochistes tout en conservant sa bonne conscience.

Mais l'important dans la pratique de la fessée ou de la flagellation – et c'est pourquoi nous nous autorisons à les considérer sur un même plan – n'est pas tant la douleur que les marques laissées sur le corps. Le masochiste éprouve en effet un réel plaisir à les contempler et les exhiber. Il est alors à la fois l'objet et le témoin de la souffrance qu'il prend autant de plaisir à recevoir que le sadochiste à lui prodiguer. Ces marques symbolisent l'amour liant le soumis à son maître. Elles sont celles de son appartenance, la preuve de sa soumission que le masochiste arbore fièrement.

Le marquage du corps révèle également l'importance de la mémoire et en cela relève du rapport masochiste au temps puisqu'il permet de revivre indéfiniment un fantasme, de l'immortaliser en le fixant dans le temps et le corps. Les marques, dont certaines peuvent rester plusieurs semaines, voire même être définitives, rappellent cette douleur au masochiste. Le corps est devenu une sorte de toile, le fouet un pinceau et le sang la peinture. Là encore, comme le remarque Deleuze, la mise en scène sadomasochiste évoque le tableau et par là même atteste de la volonté du masochisme d'accéder à une certaine forme d'immortalité puisqu'il continuera à vivre dans la mémoire de cet autrui qui est à la fois spectateur et témoin.

La question des marques, dès lors qu'il s'agit de les montrer, pose celle plus générale de l'exhibition. L'exhibitionnisme est en effet un des caractères fondamentaux du masochisme et du sadomasochisme. Ce constat s'est d'ailleurs imposé à nous dès notre première observation, ou plutôt juste après, lorsqu'il nous a fallu comprendre l'importance de notre présence aux yeux de celui qui, de longues minutes durant, fit couler de la cire de bougie sur diverses parties de son corps. L'insistance avec laquelle il fixait sur nous son regard laissait clairement entendre que sa satisfaction n'aurait pas été aussi intense sans notre « complicité involontaire ». En premier lieu, nous avons eu l'impression que ce spectacle était joué pour nous mais après réflexion, force nous fut de constater que nous venions en fait d'être instrumentalisé par ce masochiste qui avait besoin d'un public, d'un témoin, pour que sa satisfaction soit totale.

Le témoin n'a toutefois pas pour unique fonction de confirmer l'existence de la punition, il atteste également de son absence de sens puisqu'elle procure du plaisir au masochiste. En effet, si au début c'est la punition qui est exhibée, c'est ensuite sa transmutation en plaisir qui est montrée. On passe du « Vois comme je suis puni et comme je souffre » à « Vois comme je jouis de cette souffrance ». On passe de la preuve de l'efficacité des règles et morales à l'exposé de leur faillite.

D'où vient ce besoin de s'exhiber, ce besoin d'un témoin ? Reik pense qu'il ne s'agit pas tant de montrer une chose que d'en cacher une autre. Par exemple, si un homme fixe le coin gauche d'une pièce, les autres croient qu'il y voit quelque chose d'important et regardent dans ce coin. Or, il est possible qu'il fixe le coin gauche dans l'unique but de distraire du coin droit l'attention de ceux qui l'entourent. Le masochiste, par son attitude provocante et exhibitionniste, attirerait donc l'attention sur ses souffrances, notamment physiques, pour mieux dissimuler celles liées au manque d'amour et/ou d'estime de soi.

Le besoin d'avoir un témoin trouve plus généralement son origine dans le besoin de se mesurer et d'impressionner autrui. Goffman remarque d'ailleurs que les patients de l'Hôpital central ayant transgressé le règlement s'en vantent auprès d'un camarade, même si ce dernier est peu sûr[1]. Cela s'inscrit dans le cadre décrit par Stoller pour qui le risque de se faire prendre et l'humiliation qui en découle sont partie intégrante du fantasme de l'exhibitionniste. En effet, son arrestation – qu'elle soit effective ou potentielle – est la preuve, à ses yeux, de sa dangerosité, de sa force, de son pouvoir. On le sanctionne ou, du moins, il mérite qu'on le fasse car il constitue une menace,

---

[1] Nous avons vécu des expériences similaires dans le cadre de l'exercice de notre fonction de maître d'internat, certains élèves se vantant effectivement d'avoir su tromper notre vigilance.

ce qui renforce chez lui le sentiment de sa valeur. Cela nous rappelle également cette remarque de Hobbes qui, à propos du rire, n'y voit finalement que l'occasion de la manifestation de notre supériorité ou de notre pouvoir, que l'on ri d'une plaisanterie afin de montrer notre finesse d'esprit ou que l'on ri de la faiblesse d'autrui. Et lorsque nous acceptons de rire de nos propres faiblesses, ce n'est qu'à la seule condition qu'elles ne nous causent pas un trop grand déshonneur, voire même qu'elles témoignent de notre capacité à les avoir surmontées.

Le marquage du corps témoigne finalement de l'importance du regard de l'autre et de la quête de reconnaissance dans le SM. C'est une manière de montrer qu'on souffre autant pour l'autre que pour soi. Mais il a aussi pour fonction de signifier le franchissement des différentes étapes de l'incorporation (au sens quasi-littéral du terme) du rôle joué dans la relation SM. Les marques attestent que l'étape a été franchie avec succès et deviennent à ce titre une sorte de trophée, d'où la fierté du masochiste qui exhibe ses cicatrices. Le rôle du témoin est alors de ratifier ce passage.

En effet, le marquage sadomasochiste du corps se superpose aux autres marquages sociaux, rappelant au masochiste qu'il appartient désormais à la communauté de ceux qui ont eut l'audace et le courage de transgresser les tabous et réaliser leurs fantasmes. Par ce marquage, le SM procède donc à une réécriture et à une réaffirmation du corps là où la société impose, sinon l'effacement, une certaine standardisation. Ce marquage du corps apparaît alors comme un moyen pour le masochiste de se réapproprier son identité en se réappropriant son corps.

Cette exposition des marques rappelle par exemple ce toxicomane qui, après avoir énuméré tous les produits qu'il a consommés et ne trouvant plus de nom de drogue à citer, exhibe son bras mutilé, rendant, comme dans le sadomasochisme, le témoin complice de sa jouissance « perverse ». Les cicatrices sont également la preuve indélébile et visible par tous que l'individu a défié victorieusement la mort.

## Le corps SM : une construction alternative du corps

Le rapport au corps dans la sexualité diffère selon que l'on est dans un contexte *hard* ou classique, notamment parce que certains gestes supposent des contacts corporels spécifiques et que l'utilisation de certains objets nécessite certaines précautions. Tel est le cas par exemple du *fist fucking*, ou encore de l'utilisation de cordes ou de pinces, à propos desquelles « I » nous rappelle que les apposer à certains endroits du corps peut s'avérer extrêmement douloureux. « Tu abordes pas le corps de la même manière dans un rapport classique, t'as pas le même contact, tu vas pas chercher la même chose. La corde, ou la pince, la pince à linge tu peux pas la mettre partout, y a des endroits où ça va faire très mal… ». « M » nous avait déjà expliqué qu'il fallait éviter d'enserrer certaines parties du corps, notamment le cou et le plexus. De même, concernant l'usage de bougies, il faut savoir que celles de couleur chauffent plus et que plus on fait couler la cire près du corps du soumis, plus cela le brûle. Autant d'évidences que l'on a vite fait d'oublier dans le feu de l'action. Le SM suppose donc d'écouter davantage son corps comme celui de son partenaire, de prêter plus attention à certaines sensations.

Là où la société a normalisé l'articulation corps/sexualité en limitant les possibilités sexuelles du corps essentiellement aux organes génitaux, le SM rend possible l'obtention d'un plaisir par des moyens différents de ceux proposés, voire imposés, par la norme. Nous retrouvons cet aspect créatif du SM, mis en évidence par Foucault, qui apparaît alors comme un moyen de se réapproprier son corps.

Ainsi, « A » insiste sur la dimension esthétique du *bondage* : « le plaisir de le faire à quelqu'un, donc de l'attacher, c'est esthétique, [...] c'est là où tu découvres la forme des corps, parce que la corde tourne tout autour du corps et y a des parties du corps là tu les découvres bien et comme t'es obligé de passer la corde pour entraver la personne, ou lui faire comme un corset, sans la blesser, donc t'es obligé de faire gaffe où tu mets tes liens, donc tu découvres vraiment, tu redécouvres le corps du partenaire. Et euh, y a ça puis c'est l'esthétisme aussi des nœuds, le passage de cordes. Alors y a le *bondage* qui se cantonne simplement à la partie corporelle et puis y a le *bondage* qui fait intervenir d'autres paramètres tels qu'un cadre de bois avec des crochets pour pouvoir faire une toile d'araignée où l'entraver ». Outre un plaisir esthétique, le *bondage*, par les manipulations qu'il suppose, permet également de découvrir le corps de son partenaire différemment de la sexualité classique. « Ce qui m'attire dans la relation SM, déclare un des informateurs de Poutrain, c'est aussi que l'érotisme est différent. Il est différent parce que l'esthétisme est différent. Mais différent surtout parce que toutes les parties du corps peuvent devenir plaisir. Et d'ailleurs, je ne suis plus étonné lorsque j'assiste à des soirées SM de voir que les gens ne font pas l'amour. Ils n'en ont pas besoin. Parce que le plaisir est ailleurs. Il n'est plus simplement focalisé sur le sexe. Il peut être partout. »[1] Ce témoignage montre là encore qu'une des caractéristiques du SM est de « délocaliser » la sexualité. Ainsi nous dit un fisteur : « Son poing ou son bras devient, je dirais, l'objet pénétrant, [...] l'objet sexuel est plus le même ». Les sexualités *hards* faisant intervenir des parties du corps n'intervenant pas dans la sexualité classique, la stimulation est différente et l'érotisation se fixe sur un autre objet que l'objet traditionnel. Par conséquent, le plaisir ressenti s'avère également différent. Et « A » se souvient également d'un fisteur qui « mettait deux heures à fister, c'est-à-dire qu'il était très très lent. Et lui, tout était dans la tête. Tout était dans la tête. C'est-à-dire que tu le voyais, y jouissait dans sa tête. Il bandait pas. Et c'est une fois qu'il avait fini qu'il était en train de se laver les mains et les avant-bras qu'il se mettait à triquer parce qu'il revoyait toute la scène et qu'il revivait toute la scène. » Pour certains, la part d'intellect peut être tellement importante qu'elle devient une sorte d'intermédiaire indispensable entre l'acte physique et le plaisir qu'ils en retirent. L'ami dont parle « A » a donc placé une étape supplémentaire entre l'acte à caractère sexuel, l'acte érotique, et la satisfaction qu'il procure. Le plaisir n'est ressenti que par la médiation de l'intellectualisation de l'acte.

    Certaines personnes retirent également une satisfaction érotique, sexuelle, non pas de la stimulation du corps, mais de la situation, de la soumission, ou au contraire de l'exercice du pouvoir, du droit de vie ou de mort sur autrui (ou sur soi-même pour le masochiste solitaire). Il ne s'agit pas dans le SM de désexualiser le plaisir

---

[1] POUTRAIN V., *Sexe et pouvoir. Enquête sur le sadomasochisme*, op. cit., p. 67.

mais de faire de certaines parties du corps, de certaines situations, des occasions supplémentaires de plaisir là où les normes en vigueur dans nos sociétés ne nous les présentent pas comme telles, voire même nous les interdisent. Ainsi, « I » nous dit : « quand t'as la main dans le corps, le bras, t'as l'impression que tu possèdes l'autre, dans le sens où le moindre geste que tu pourrais faire, tu pourrais faire un geste qui le tuerait, réellement. » La soumission a elle aussi un caractère hautement intellectuel car elle suppose une volonté consciente d'abandon.

Cependant, le traitement sadomasochiste du corps peut également être considéré comme la matérialisation d'un mal-être intérieur, « l'âme » étant le véritable siège de ce malaise. Or, pour le faire disparaître, il devient nécessaire en quelque sorte de combattre le mal par le mal. Ainsi peut-on lire : « J'ai à ma plus grande satisfaction toujours su me détacher de mes chairs. Je jouissais de ce spectacle pathétique et tragique, vénérant ma propre image désarticulée, pitoyable, mon corps offert reflétant l'absurdité de ma vie. Ce corps que je déteste. Je me déteste, je m'exècre, mais j'ai tant besoin, par ces outils que sont mes partenaires, par cette souffrance que je leur arrache, de me transcender, moi l'haïssable. A ce seul moment, je redeviens digeste à mon propre regard. »[1] La seule souffrance morale n'apportant pas de satisfaction à la narratrice, elle la double d'une souffrance physique ritualisée dans le cadre de pratiques sadomasochistes, comme si le contrôle exercé sur la souffrance physique lui permettait de mieux vivre une souffrance morale sur laquelle elle n'a pas de prise. Ceci rappelle la formule du fantasme énoncée par Lacan pour qui le sujet s'offre comme un objet, voire comme un déchet pour faire jouir l'autre ou jouir de l'autre.

---

[1] L. Marie, *Confessée*, op. cit., p. 9.

Mais cette réification du mal-être pour l'expulser évoque aussi le processus du bouc-émissaire, nous y reviendrons. Si le SM peut être un moyen de se réapproprier son corps et son individualité, il offre également la possibilité au masochiste de s'oublier, de s'abandonner, de « chuter » par sa réification, en ne se considérant plus que comme un objet inerte, sans volonté, entre les mains de son maître.

Le SM choque parce qu'il brise l'opposition fondamentale corps/esprit sur laquelle se fonde notamment la religion chrétienne. En effet, il est traditionnellement admis que l'usage du corps et de l'esprit visent des fins différentes, voire contraires, et que l'usage de l'un empêche d'accéder à la fin de l'autre. Le corps relève du profane et il faut se dépouiller de ce profane pour accéder au sacré. Le SM montre au contraire que l'intellect peut mener aux plaisirs du corps et réciproquement. Enfin, le traitement sadomasochiste du corps n'est pas sans rappeler l'ambiguïté de la relation unissant l'individu à son corps, ce qui est caractéristique de nos sociétés « modernes » où on ne sait plus s'il faut le considérer comme une part intégrante de soi, une vitrine ou un outil. La performance physique et le jeu avec la mort que constituent certaines pratiques ne sont-ils pas dès lors à envisager comme autant de moyens de se réapproprier son corps dans une sorte de transcendance physique, sexuelle, morale et sociale ?

# B-La douleur

## *Aspect culturel de la douleur*

« *La douleur est tellement magnifique. Si seulement ça ne faisait pas si mal !* »
Albert Fish[1]

Commençons par rappeler que la douleur a avant tout une fonction protectrice puisqu'elle informe l'individu sur les dangers qu'il est en train de courir. Toutefois, dès son entrée dans la moelle, l'information la concernant se mêle à d'autres qui, par le biais de processus biochimiques, en altèrent le message au point parfois de pouvoir la transformer en plaisir. La souffrance suppose en effet la sécrétion de substances organiques telles que les prostaglandines, la bradykinine ou la substance P dont les effets, semblables à ceux de l'opium ou de la morphine, nous la rendent supportable. La douleur s'envisage en définitive selon deux aspects : une sensation (relevant de la physiologie) et une émotion (relevant de la psychologie). D'ailleurs, des expériences ont montré que la douleur est moins forte quand on sait qu'elle va arriver. Aussi, toute douleur est perçue en fonction de ce qui l'entoure et de ce qui la précède, de la manière dont un individu s'approprie sa culture et ses valeurs. L'expérience de la douleur est par conséquent à la fois subjective et sociale. Il y a ainsi des

---

[1] BOURGOIN S., *Serial killers. Enquête sur les tueurs en série*, Grasset, Paris, 2000, p. 142.

douleurs de classes, certains maux ne touchant que certaines classes parce qu'ils sont la conséquence d'une répartition sociale des activités. D'autres sont la conséquence d'une attention au corps spécifique à chaque classe.

Ainsi, la socialisation des enfants leur apprend quel rôle sexué ils doivent tenir dans leur société d'appartenance, ce qui va influencer leur rapport à la douleur. L'éducation insiste sur le fait que le petit garçon doit se conduire comme « un homme, un vrai ». Il doit faire face à la douleur sans sourciller, sans rien laisser transparaître de sa souffrance, qu'elle soit physique ou morale. A l'inverse, on admet, voire encourage la petite fille à exprimer sa douleur, au nom d'une sensibilité féminine qui lui serait propre. La douleur joue également un rôle important dans l'éducation des enfants en ce qui concerne l'inculcation des « limites » à ne pas dépasser *via* une « bonne correction ». On comprend alors le problème que rencontre la mère de Latour qui ne ressent pas la douleur : « Sur les marches de l'église, elle avait tiré l'oreille du petit garçon en le grondant pour son coup de pied [...]. Elle avait beau serrer jusqu'à en avoir une crampe dans les doigts, il n'avait pas réagi [...] elle se dit qu'elle n'avait aucune idée de la manière dont elle devait se comporter comme mère, sur l'art d'élever son fils, de le mettre dans le droit chemin, de doser l'amour et la discipline. Au reste, que pouvait faire une mère dont l'enfant ne connaissait pas la douleur ? »[1]

D'une condition sociale et culturelle à une autre, et selon leur histoire personnelle, les hommes ne réagissent donc pas de la même manière à une blessure ou à une affliction pourtant identique. La relation à la douleur dépend de la signification qu'elle revêt pour l'individu au moment où il y est confronté. Elle est par conséquent intime,

---
[1] FROBENIUS N., *Le valet de Sade*, Actes Sud, Paris, 1998, p. 27-28.

certes, mais demeure imprégnée de social, de culturel et de relationnel. Elle est en cela également un fait de situation et le fruit d'une éducation. Il n'y a donc pas de douleur sans signification traduisant le glissement d'un phénomène physiologique au cœur de la conscience morale de l'individu. Une information nerveuse indiquant la mise en danger de l'intégrité physique d'un individu implique donc une perception personnelle portant l'empreinte de sa culture. Jamais purement physiologique, la douleur relève également du symbolique, d'autant plus qu'elle n'est pas forcément proportionnelle à la gravité d'une lésion. En effet, un ongle arraché entraîne des souffrances beaucoup plus aiguës qu'une tumeur au cerveau qui, bien que pouvant être indolore, n'en est pas moins mortelle.

Empreinte de social, la douleur crée du lien social en ce sens qu'« elle permet d'éviter l'angoisse d'abandon – *« Je souffre donc je deviens digne d'attention »* –, mais d'un autre côté *« Je ne me rends pas trop dépendant des autres dans la mesure où ils ne m'apportent pas ce que je peux demander sans fin... Ma souffrance est telle en effet que, quoi que vous fassiez, ça ne va pas, ce n'est pas suffisant. »* »[1] Schneider nous donne d'ailleurs à voir ce retournement qui s'est opéré par lequel, désormais, le statut de victime, d'être souffrant, d'être en souffrance possède un caractère légitimant. Souffrir nous donne raison. Toutefois, lorsqu'elle dépasse un certain seuil, l'intensité de la douleur peut, au contraire, se solder par une rupture du lien, la souffrance d'autrui devenant intolérable.

Pourtant, non seulement le sadomasochisme génère des situations dans lesquelles la douleur rapproche les in-

---

[1] JEAMMET P., « Le suicide des jeunes comme affirmation de soi », *Sciences humaines*, décembre 2004/janvier-février 2005, Hors-série numéro 47, p. 31.

dividus, mais fait de l'un la conséquence de l'autre. Cette fusion entre douleur et plaisir s'avère incompréhensible pour celui qui a parfaitement intégré que ces deux données étaient « naturellement » incompatibles. La douleur remet ainsi en question notre capacité à nous reconnaître en autrui. S'il peut effectivement paraître plus facile de se reconnaître dans le sadochiste, même s'il ne paraît pas évident de pouvoir prendre du plaisir en infligeant de la douleur, l'identification au masochiste pose un problème impossible à résoudre tant le fait de s'imaginer soi-même dans une situation analogue nous paraît aux antipodes des buts qui nous sont imposés par une société où l'on n'est rien si on ne domine pas. Aussi, le sadomasochisme choque parce qu'on en perçoit seulement le caractère violent, négligeant le plus souvent la réalité du consentement mutuel. Il est trop souvent fait un amalgame entre relation sadomasochiste et barbarie criminelle, comme cela fut le cas lorsque les médias ont parlé de « soirées SM » dans le cadre de l'affaire Allègre.

 Toutes les sociétés humaines intègrent donc la douleur dans leur vision du monde en lui conférant un sens, une valeur, en l'inscrivant dans un réseau de causalités visant à expliquer son origine et à se donner les moyens symboliques de la combattre. La demande de signification face à la douleur va au-delà de la souffrance immédiate, elle concerne la signification même de l'existence. Comprendre le sens de sa souffrance revient en fait à comprendre le sens de sa vie.
 La douleur apparaît donc comme un fait inéluctable avec lequel il faut composer selon les formes communes du lien social, c'est-à-dire sans prendre le risque de perdre la face en ne répondant pas aux attentes du groupe. Sa capacité personnelle de résistance, l'individu la trouve

en grande partie dans celle qu'il sait des autres, elle est à la mesure de son groupe social d'appartenance. En effet, toutes les sociétés définissent implicitement une légitimité de la douleur qui est fonction de certaines situations sociales considérées comme le lieu légitime de la monstration de sa souffrance par le groupe, les limites à partir desquelles la douleur est considérée comme insupportable et les moyens d'y répondre se transmettant de générations en générations.

## *La mise en scène de la douleur*

Pour Freud, si l'homme a un but dans la vie, c'est avant tout d'éviter la souffrance et ensuite, dans la mesure du possible, de rechercher le plaisir. Toute réflexion sur la douleur l'envisage donc en premier lieu en opposition avec la notion de plaisir. L'un suppose l'absence de l'autre. Le problème du SM est qu'il brise cette dualité puisque les deux cohabitent et sont la condition l'un de l'autre. Paradoxalement, la recherche du plaisir dans le sadomasochisme se fait à travers la recherche de la souffrance (pour le masochiste) et le fait de l'infliger à autrui (pour le sadochiste). Nous savons également que la douleur augmente avec la tension, l'angoisse. Or, la mise en scène sadomasochiste joue précisément avec cette montée de l'angoisse. Le sadochiste crée donc une situation, une « ambiance », dans et par laquelle le masochiste va craindre de voir franchies les limites définies par le contrat. Sans oublier qu'il peut tout arrêter à tout moment, il se demande tout de même s'il ne peut pas en supporter un peu plus, se doutant, espérant, que sa jouissance en sera accrue. Le masochiste évoque et met en scène ce qu'il craint. Ce qui est redouté devient ce qui est recherché. La recherche de la gêne, la confrontation avec la souffrance et la douleur, sont alors autant de manières d'aller de l'avant, de « prendre le taureau par les cornes », de regarder la mort dans les yeux. Et l'ironie est d'autant plus grande que cette confrontation se vit de manière érotisée. On pourrait presque se demander si, dans cette optique et comme nous l'avons déjà dit, il n'est pas possible de jeter un pont entre sadomasochisme et nécrophilie, l'érotisation de la mort dans le SM traduisant alors non pas l'amour pour un mort, mais l'amour de la mort, de ce néant que recherchent consciemment d'ailleurs certains masochistes.

Le rapport plaisir/douleur dans le SM est complexe et multiple puisque, sans vouloir être exhaustif, le masochiste peut éprouver du plaisir avant qu'on ne lui inflige une souffrance – par anticipation donc – mais également pendant ou encore après, en se remémorant les temps forts de la mise en scène. Il en est de même pour le sadochiste. Mais il est aussi des relations excluant toutes souffrances physiques au profit de sévices psychologiques relevant, entre autres, de l'humiliation ou de la domination verbale. Par conséquent, une définition du SM ne peut se résumer à son seul rapport à la souffrance d'autant plus qu'elle ne constitue pas une fin en soi. D'ailleurs, de nombreux informateurs de Weinberg, Williams et Moser évoquent un degré « médium » de souffrance à ne pas franchir. Et, dans une même perspective, nous avons nous-même constaté que chaque masochiste définit lui-même le seuil de souffrance qu'il souhaite ne pas voir dépassé ainsi que la manière dont il souhaite qu'elle lui soit infligée. Dans le cas des sexualités de groupe que nous avons pu observer, cela prend généralement la forme d'un bref échange verbal. Dans le cadre d'une relation stable au contraire, ces échanges sont plus longs et prennent à l'occasion la forme d'un contrat écrit. Nous reviendrons sur la dimension contractuelle de la relation masochiste.

En mettant sa souffrance en scène, le masochiste teste sa résistance et joue avec la limite. Le rôle du sadochiste est capital puisqu'il s'agit de savoir la transgresser pour mieux la repousser. Néanmoins, la douleur ne devient une source de plaisir que dans le cadre d'une mise en scène spécifique aux fantasmes des partenaires. D'une part, comme nous l'avons dit, une souffrance est moins forte quand elle est anticipée. De plus, la théâtralité a pour fonction d'attribuer un sens nouveau à ce qui ne semble pas pouvoir être l'objet d'une quelconque remise en question. Ceci explique également en partie pourquoi un masochiste ne tire aucun plaisir d'une agression dans la rue et pourquoi un sadochiste ne s'en prendra pas non plus au premier venu. Le masochiste n'érotise que certaines souffrances dans un contexte bien précis. Les autres seront perçues de manière traditionnelle, comme des souffrances qui ne seront aucunement source de satisfaction et qu'il faut éviter.

Le contexte, dans le SM comme dans la vie courante, est donc très important dans la perception de la douleur, puisque l'individu se trouve libéré du poids de la crainte d'une sanction sociale que pourrait lui rapporter sa pratique. La mise en scène SM crée donc ce contexte où les normes ne s'appliquent plus, où la transgression n'est plus sanctionnée négativement pour que l'individu puisse se concentrer sur une perception de la douleur qu'il n'envisage pas dans l'opposition au plaisir, mais dans le cadre d'une condition du plaisir, d'une continuité.

Rappelons enfin que d'une manière générale la victime dérange. Sa souffrance nous fait peur. C'est pourquoi le premier réflexe de celui qui se veut réconfortant est le plus souvent une invitation à « ne plus penser à ça », « il faut oublier ». Cette dimension de la victime n'est pas absente de la représentation que nous pouvons avoir du masochiste, mais le caractère volontaire de sa souffrance nous la rend à la fois effrayante et incompréhensible. De plus, là où sa souffrance et son statut de victime se traduisent le plus souvent chez elle par un sentiment de honte et de culpabilité qui la contraint au silence, la souffrance du masochiste, au contraire, s'affiche.

## *Le SM comme processus de resignification de la douleur*

Souffrir pour obtenir du plaisir peut paraître paradoxal, mais c'est oublier que ce qui va de soi du point de vue du sens commun ne compte plus dès lors que l'on attribue un sens nouveau aux choses. C'est ce processus de ré attribution de sens qui permet à une patiente de Reik d'établir un classement entre les souffrances « désagréables » et les souffrances « intéressantes ». Ainsi, les maux de gorge, de tête et d'oreilles se retrouvent dans la première catégorie alors que des lésions de la peau ou les douleurs résultant d'une opération se retrouvent dans la seconde. En fait, aux maux de tête était associé le port de bandages qui, selon elle, la rendaient laide. A l'inverse, ses écorchures étaient l'occasion de montrer sa blessure et de s'attirer l'affection de son entourage. Par conséquent, les réactions de l'entourage d'un individu peuvent l'amener à faire, sinon l'amalgame, au moins le rapprochement, entre souffrance et plaisir.

Dès lors que s'est effectué ce travail de re-signification liant le plaisir à la souffrance (qu'on l'inflige ou qu'on la reçoive), la douleur se voit dotée d'un nouveau statut qui est celui de moyen, de condition d'accès à la satisfaction sexuelle. La souffrance prend alors le sens d'une épreuve. C'est pourquoi, la satisfaction qui en résulte est considérée par certains comme une expérience quasi-mystique, le plaisir devenant le signe de la délivrance d'une tension, du rétablissement d'un équilibre rompu par la souffrance. Certes, nous prenons ici le point de vue du masochiste, mais il ne nous paraît pas inapproprié de penser que le sadochiste retire lui aussi ce plaisir transcendant que lui procure la soumission de son partenaire.

Le masochiste ne recherche en réalité pas tant la douleur que la soumission, l'abandon, le don de soi. La douleur n'est pas une fin en soi mais un moyen. Un patient de Krafft-Ebing déclare en effet « que la flagellation n'était qu'un moyen d'exprimer fortement la situation désirée, mais, qu'en elle-même, la flagellation était sans valeur, me causant plutôt un sentiment désagréable et même douloureux ou répugnant. »[1] Ce ne sont pas tant les coups que la relation et la situation qu'ils supposent qui sont désirés. Pour certains, la violence physique n'est d'ailleurs qu'un élément du décor qui va symboliser et matérialiser la soumission. Ce processus de réattribution de sens par lequel la fin se confond avec le moyen et où la douleur est alors recherchée pour elle-même en tant que source de plaisir provient en partie de ce que, dans notre monde rationnel où règnent les lois de la causalité, la souffrance ne peut être perçue que comme la conséquence d'acte : « On a ce qu'on mérite ! Il y a une raison ! Tout s'explique ! » Par

---
[1] *In* HEINE M., *Recueil de confessions et observations psychosexuelles*, *op. cit.*, p. 171.

conséquent, dans l'idée que l'on mérite sa souffrance, il y a non seulement l'idée de la sanction d'une faute, mais également celle de gain, de la reconnaissance de l'effort fourni pour l'obtenir. La souffrance a en effet cela de valorisant qu'elle exige une certaine force pour être supportée et, par là même, elle est un moyen de restaurer un certain amour propre. Le masochisme, en tant que processus par lequel un individu va se mettre dans des situations d'échec, apparaît donc comme un moyen d'obtenir de la reconnaissance, d'exister pour l'autre, même si ce n'est qu'en tant qu'objet. La douleur est un moyen légitime d'exister, d'attirer l'attention sur soi. « Sa maladie, pouvons-nous lire, paraît l'aider à se soutenir dans la vie, car même s'il ne lui reste plus rien, si elle n'est plus rien, elle est encore malade et cela lui donne le droit à certains avantages. Le droit de faire part de sa souffrance, le droit à l'écoute, le droit de ne pas être abandonnée »[1]. Cette utilisation de sa souffrance par le masochiste rend d'autant plus nécessaire la présence d'un témoin et explique, par conséquent, son caractère exhibitionniste, entérinant au passage sa dimension sociale. Et le choix de la douleur comme moyen d'obtenir de la reconnaissance est d'autant plus pertinent que, comme la mort, elle nous concerne tous.

     Pour le masochiste, sa souffrance devient la preuve de sa valeur. Elle relève en ce sens de l'ordalie ou encore de ce que Sloterdijk appelle l'expérimentation sur soi par laquelle on se teste soi-même jusqu'aux limites de l'autoannihilation. Il compare cette démarche à certains mouvements mystiques médiévaux ou certaines écoles de méditation orientale, nous montrant au passage à quel point est profondément ancrée en nous la conviction que c'est

---

[1] BARRANGER S., *L'amour du père, origine d'un masochisme*, mémoire de maîtrise de psychologie clinique, Université de Nantes, 1999, p. 26.

dans et par la contrainte et/ou la souffrance que l'individu va trouver le sens de son existence et en prouver la valeur. Selon Sloterdijk, la quête de soi suppose une confrontation à ses propres limites que l'on va tenter non seulement de cerner, mais également de repousser. Le masochisme relève de cette intensification de soi par l'expérimentation sur soi qu'il suppose, même si le danger n'est pas toujours aussi important que les apparences ne le laissent paraître puisque, comme nous l'avons déjà dit, le masochiste se ménage toujours une « sortie de secours ».

Un détour par la psychanalyse nous permet également de comprendre pourquoi et en quoi l'autodestruction s'avère être un moyen de redonner du sens à sa vie, d'en récupérer le contrôle et par là même de restaurer ou accroître son estime de soi. Tout d'abord, le choix de mourir s'oppose à l'absence du choix de naître, qui peut générer, réveiller, entretenir un sentiment d'impuissance. Le caractère fascinant de la destruction relève alors de l'absence de regrets à quitter un monde auquel plus rien ne nous attache puisqu'on l'a soi-même détruit. Cette affirmation de sa puissance dans et par l'autodestruction n'est pas sans rappeler cet orgueil du masochiste que nous avons déjà évoqué. Il nous semble plus juste au contraire d'affirmer que c'est l'orgueil du masochiste qui devrait nous rappeler cette perception socialement construite de la douleur volontaire comme présence de sa valeur. Quoi qu'il en soit, il importe de constater que l'autocontrainte est socialement construite et perçue en vue de réaffirmer sa maîtrise du monde, de sa vie, de son destin, que ce soit dans le cadre sexuel d'une relation SM ou de toute autre pratique à risque.

D'une manière générale, la douleur, quand elle est trop grande ou trop visible, crée une distance entre la personne souffrante et le reste de la communauté. Souffrir comme l'autre ne suffit pas à dissiper l'éloignement, la douleur relevant à la fois de l'intime et du culturel. Les cris de l'homme souffrant sont parfois intolérables pour ses proches. Ils distendent le lien social et autorisent l'abandon, le rejet hors de la sphère collective. Outre le lien social, la douleur rompt également le sentiment d'unité que l'individu a de lui-même. Ce dernier perçoit son propre corps comme étranger ou se sent prisonnier de ce corps qui le « trahit ». Le SM permet alors au masochiste de mieux vivre sa relation avec son corps dans la mesure où, précisément, la mise en scène lui permet d'éliminer une situation de tension potentielle. Le sadomasochisme donne donc un sens nouveau à la douleur qui devient un moyen d'obtenir du plaisir, avec d'un côté un masochiste qui trouve sa satisfaction en subissant cette souffrance et, de l'autre, un sadochiste trouvant la sienne en l'infligeant. On est alors surpris par la manière dont le sadomasochisme, par le biais d'un processus de signification et d'érotisation de la souffrance qui permet de l'accepter et de l'apprécier, a opéré un retournement en considérant la douleur non plus comme un facteur de rupture du lien social, mais bel et bien comme un des principaux facteurs de son maintien.

# LE SM COMME RAPPORT AU SACRÉ

Notre but, soit accroître le champ de nos connaissances concernant le SM, s'inscrit dans la démarche de Mendès-Leite en ce qu'il s'agit de « chercher à appréhender la conception qu'ont les acteurs sociaux de leur monde, pour ainsi arriver au système de représentations sociales spécifiques à leurs univers culturels. »[1] L'enjeu pour nous consiste alors à comprendre comment et pourquoi certains hardeurs, et en particulier les sadomasochistes, conçoivent cet aspect de leur sexualité comme une véritable philosophie de vie, comme possédant une réelle dimension initiatique. A cette fin, nous nous intéresserons dans un premier temps aux divers aspects de cette philosophie de vie et à ses traductions dans la vie courante. Ensuite, nous relèverons les différentes phases de la mise en scène SM nous permettant de la considérer comme un rituel, prenant le contrat pour exemple dans la mesure où il suppose l'échange et la confiance au cœur même de cette philosophie de vie. De là, nous nous pencherons sur les princi-

---
[1] MENDES-LEITE R., *Le sens de l'altérité. Penser les (homo)sexualités, op. cit.*, p. 26.

pales fonctions remplies par cette ritualité. Enfin, nous verrons comment le SM s'avère être en définitive une forme de rapport au sacré s'articulant autour de la personne du masochiste sacrifié.

# I-Une philosophie *hard*

De nos entretiens comme de nos recherches bibliographiques émergeait de plus en plus nettement le fait qu'aux yeux de certains sadomasochistes leur sexualité était perçue et vécue comme une véritable philosophie de vie. Il s'agira donc pour nous ici d'exposer rapidement les traits principaux de cette philosophie *hard*-SM telle qu'elle nous fut présentée, puis d'en montrer les applications au quotidien.

## A-Une relation basée sur l'échange et la confiance

Dès notre premier entretien, « A » insiste sur la nécessité d'un dialogue préalable entre les futurs partenaires, notamment pour se mettre d'accord quant aux modalités de leur prochaine rencontre. Il prend ainsi pour exemple le cas où « t'as un mec qui se pose en disant : « Bon ben voilà on va faire tels rôles », c'est caricatural, certes, mais y a un minimum d'échange en disant… D'abord on va dire quelles sont les pratiques, même si le langage peut être spasmodique, ça veut dire selon la pratique, y a des événements qui se passent, et dire : « Ben tiens, là on va passer à ça, est-ce que t'es d'accord ou pas ? » Y a toujours un échange. Et que, au tout début, y a un échange d'accord en disant : « Quel est le mot que tu choisis pour dire stop, on arrête, j'en peux plus, on arrête là... » même si c'est temporaire il y a un mot. Si t'as un mec ou une nénette qui vient et qui ne pose pas cette question primordiale tu peux dire que c'est un rigolo ou sans être un rigolo, c'est qu'il a pas toutes les données, il peut être potentiellement dangereux ». « I » manifeste également ce besoin de connaître ses futurs partenaires pour pouvoir se sentir à l'aise en soirée : « Maintenant je sais que je peux pratiquer quelque chose dans un groupe mais ça va dépendre du groupe, ça va dépendre de qui est là, moi en général j'ai besoin de connaître un minimum les gens parce que euh... Au moins j'ai pu discuter un peu, ça me met plus à l'aise quoi. » Nous avons d'ailleurs, lors de nos observations, été le témoin de ces négociations, de ces échanges. Ainsi, dans le cas des sexualités de groupe, les partenaires ne se connaissent pas forcément et l'acte en lui-même est parfois précédé d'un bref échange verbal. Dans une même perspective, n'oublions pas que dans le cas d'une relation durable, cet échange entre les partenaires a déjà eu lieu, il n'est donc pas forcément nécessaire de le répéter. Cette « mise au point » étant faite, tout se passe ensuite comme si chacun endossait « instinctivement » son rôle. Ce dialogue préalable permet donc, outre de se mettre d'accord sur un fil conducteur et sur les pratiques de chacun, de cerner, du moins en partie, la personnalité de son interlocuteur et de prévenir un danger potentiel. C'est pourquoi Maîtresse Françoise exige de tout soumis potentiel « qu'il soit capable de m'expliquer clairement ce qu'il souhaite. Je cherche à discerner s'il est capable d'aller jusqu'au bout de ce qu'il désire et finalement de s'assumer. »[1] De même,

---

[1] MONSCIANI H., « Maîtresse Alexandra », *La tribune des swingers*, janvier/février/mars 1999, numéro 3, p. 66.

une soumise confie avoir discuté longuement avec son maître « des modalités et détails de cet enfermement (étant entendu évidemment que tout était contractuel et qu'il suffirait que je demande qu'il y soit mis fin pour être délivrée ; mais je considérais que mon honneur de soumise m'empêcherait de consentir à une telle capitulation). »[1] Un sadochiste, également, se souvient avoir beaucoup discuté avec celle qui est devenue son esclave par la suite : « Je lui ai parlé de mes penchants, elle me répondait par ses envies. Nous étions comme deux enfants qui nous découvrions des points communs. »[2]

L'écoute et le dialogue sont les éléments incontournables d'une relation sadomasochiste *soft*. Outre qu'ils permettent de se prémunir contre certains dangers, ils sont avant tout le reflet de la volonté d'échange animant des partenaires responsables trouvant leur plaisir dans celui de l'autre, comme en témoignent ces propos d'« A » : « C'est ça qui est intéressant quand tu es, entre guillemets, professionnel, tu as des gens qui sont responsabilisés par rapport à ça, qui sont à l'écoute de l'autre, pas pour leur propre plaisir. D'ailleurs je pense que dans le *hard* on pense d'abord au plaisir de l'autre avant le sien, c'est par le plaisir de l'autre qu'on prend son plaisir. »

Nous retrouvons cette même exigence, cette même nécessité du dialogue chez les maîtresses professionnelles. Ainsi, Marlène s'assure du bien-être de ses clients : « « Si quelquefois je vais trop loin vous me le dites, et j'arrête ». Bon, et quelquefois, ils disent rien alors je leur pose la question : « Est-ce que ça va ? » « Oui, vous pouvez continuer maîtresse ». Je continue. Et puis ils me disent quel-

---

[1] « Confessionnal », *Discipline*, octobre 2000, numéro 8, p. 81.
[2] CHRISTIN B., MONSCIANI H., HOGAR S., « SM. Y a pas de mal à se faire du bien », *La tribune des swingers*, janvier/février/mars 1999, numéro 3, p. 73.

quefois : « Un peu plus fort ».»[1] De même un soumis apprécie d'avoir eu la chance de « tomber sur quelqu'un qui psychologiquement était assez intelligent et nous n'avons pas eu besoin de converser longtemps pour comprendre effectivement ce que je souhaitais. »[2] Néanmoins, il regrette une certaine superficialité dans les rapports l'unissant aux maîtresses professionnelles, estimant en effet que la « complicité que l'on peut avoir avec un maître ou une maîtresse dans un donjon est une complicité qui est tout à fait relative et qui, hélas, ne dure que les moments que l'on peut avoir. »[3]

Ayant mis l'accent sur l'importance de l'échange dans le cadre d'une relation *hard*, il convient toutefois de faire la lumière sur la nature et l'objet de ce dernier. En effet, ils sont pluriels. « I » nous rapporte qu'il n'« y a pas forcément d'échange physique, ça peut être un échange physique contre un échange intellectuel, ça peut être : « moi je jouis du plaisir de te voir attaché », ou « je jouis du plaisir de voir que tu te comportes comme si j'étais ta chose » ». « A », lui, insiste plutôt sur le fait que l'échange entre les partenaires est lié aux réactions de l'un et de l'autre. En effet, « quand tu es la chose qu'on manipule, euh c'est pas toi qui manipule les autres, toi tu ressens, tu fais que ressentir et par ton comportement tu vas montrer aux autres que ça te fait plaisir donc tu prends ton pied et ça ça les excite aussi, c'est ça la réciprocité. »

La confiance réciproque que permet cet échange est indispensable car c'est elle qui va permettre l'abandon. Un soumis parle d'ailleurs de « la totale confiance qu'on

---

[1] Propos extraits d'un reportage sur France 3.
[2] *Idem.*
[3] *Ibid.*

montre à l'autre en lui permettant de réaliser ses envies. »¹
« I » pose également la confiance en l'autre comme étant la condition *sine qua non* de la soumission. Il nous confie apprécier « d'être soumis à quelqu'un, enfin d'être pris en main par quelqu'un à qui je fais confiance […] j'aurais beaucoup de mal à me faire dominer par quelqu'un que je rencontre dans une soirée comme ça. Ou alors ce serait dix minutes pour rigoler quoi », ou encore : « avec ce garçon qui m'avait attaché […]. Comme y avait à la fois l'excitation d'être attaché, soumis, en confiance, de pouvoir exprimer ses limites parce que l'autre gérait très bien le contexte quoi. C'est ça qu'est excellent, c'est que tu fais ce que tu veux parce que tu sais très bien où l'autre il ira pas. » La confiance est donc un élément fondamental de toute relation *hard* car non seulement elle est le moteur de la volonté de se soumettre aux envies de l'autre, mais elle est également la preuve qu'on considère que la relation avec l'autre ne présente pas de danger. C'est pourquoi Maîtresse Françoise affirme qu'un soumis « doit vivre ses pulsions mais avec quelqu'un de confiance et d'expérimenté, dans le cadre d'un jeu sans conséquences, pour que ce soit une forme de défoulement pouvant réellement contribuer à un épanouissement global. »² Une informatrice de Welzer-Lang le remarque également : « Je connais un mec qui s'est fait enfermer, tu sais du *cocooning* on appelle ça, le mec s'est fait enfermer pendant un jour, ils l'ont enfermé dans une enveloppe fermée à clef, suspendu, il est suspendu le mec, il est resté un jour comme ça, donc ça va très loin. Il faut quand même avoir une totale confiance en la personne qui va venir te chercher »³. Aussi, d'une manière générale, nous avons pu constater que les hardeurs se fient

---

¹ « Confession », *D magazine*, décembre 1997, numéro 8, p. 93.
² MONSCIANI H., « Maîtresse Alexandra », *La tribune des swingers*, janvier/février/mars 1999, numéro 3, p. 65.

plutôt à la confiance que leur inspire leur partenaire, ainsi qu'à son « niveau de pratique ».

## B-Une philosophie de vie au quotidien

Nos entretiens nous ont donc permis de comprendre qu'avoir des pratiques *hard*, pour certains, suppose un état d'esprit particulier, non seulement avec leurs partenaires, mais également dans la vie quotidienne. Mais de quelles manières, sous quelles formes, ces schèmes de pensée *hard* se manifestent-ils dans la vie courante ? A moins qu'ils ne soient le reflet érotisé de schèmes produits par la « société courante » ? Ainsi, « A » part du principe que tout *hardeur* recherche avant tout le plaisir de son partenaire. Or, on ne peut l'atteindre que si on le respecte, ce qui suppose cette communication préalable, cette mise en confiance indispensable. Cet état d'esprit, transposé dans la vie courante, suppose que l'on ne parvient pas à ses fins en les imposant, mais plutôt en accompagnant les autres sur leur propre voie tout d'abord pour les guider progressivement sur la sienne. « Tu te rends compte, nous dit « A » que t'arriveras beaucoup plus vite et sans embûches. » La « mentalité *hard* » peut donc être comprise comme étant la recherche du plaisir dans et par le plaisir de l'autre. Au quotidien, il s'agit par exemple pour « A » d'aller avec l'autre plutôt que contre lui, d'y aller en douceur, notamment « pour avoir plus longtemps et pour éventuellement réitérer le moment, [plutôt] que de tout casser, de tout avoir à ce moment-là, à un moment précis, et puis de plus

---

[3] WELZER-LANG D., *La gestion polygame du désir : l'échangisme, entre commerce du sexe et utopie*, op. cit.

rien avoir après ». Nous retrouvons ici le principe consistant à faire durer et à reproduire le moment de satisfaction propre au *hard* en général et au masochisme en particulier. Pour résumer, il s'agit d'envisager ses rapports à autrui dans la vie courante comme avec ses partenaires sexuels. Ainsi nous explique-t-on que d'une manière générale les hardeurs « sont très prévenants par rapport aux gens, il avait fait le parallèle avec sa sexualité, c'est qu'il était très dans les préliminaires, dans le sens où il disait, je te cite pas mot à mot, il disait : « on ne peut pas donner du plaisir ou en prendre si on brusque directement la personne tout de suite, même dans un rapport… » c'est-à-dire qu'il faut amener la personne, physiquement et psychologiquement, à être en position euh… A pouvoir recevoir ou donner quelque chose, c'est-à-dire qu'on ne fait rien à froid, c'est comme un sportif, sans échauffement il va faire un claquage du muscle, ou il va se faire sauter une vertèbre, il faut un échauffement ». Les hardeurs accomplis, nous dit-on, sont ceux qui « ont poussé le *hard* ou le SM, donc le plaisir extrême, comme une philosophie à part entière. » Avoir des pratiques *hard*, et par extension sadomasochistes, implique donc des schèmes de pensée latents pouvant se manifester dans la vie courante en fonction du contexte. Toutefois, gardons à l'esprit que cette intellectualisation de ces pratiques sexuelles peut également être une érotisation de certains schémas de perception et de pensée efficients dans la culture génératrice de ces pratiques.

Vivre sa sexualité *hard* sur le mode d'une philosophie suppose donc la capacité d'en transposer certains aspects dans la vie courante, de discourir de ses pratiques avec d'autres hardeurs, mais ce n'est ni le fait, ni l'envie de l'ensemble de la communauté *hard*. Cette tendance à intellectualiser ses pratiques dépend en grande partie du contexte et des autres membres du réseau de relations.

## II-La dimension rituelle du SM

Cette vision de sa sexualité comme une philosophie de vie, un parcours, nous a permis de saisir le caractère initiatique qu'elle pouvait revêtir aux yeux de certains hardeurs. Dès lors, il devenait évident pour nous qu'une telle conception de sa sexualité associée à une volonté de transgresser les normes en vigueur nous imposait désormais de concevoir le sadomasochisme comme un rite initiatique par lequel ses acteurs accéderaient, à leur manière, au sacré.

### A-Le SM comme rite initiatique

#### *De la ritualité du SM*

Chez les animaux, on parle généralement de rites dès qu'une chaîne d'actions visant un but quel qu'il soit devient un but en soi. Concernant les sociétés humaines, il faut ajouter que les rites ont pour fonction de maintenir la différence entre le pur et l'impur. Le sacré ayant toujours tendance à s'écouler vers le profane, il risque en effet de le détruire ou de le perdre[1], et ce d'autant plus que le profane a également tendance à vouloir utiliser le sacré au risque

---
[1] Ceci n'est pas sans rappeler cette fonction de la culture qui est de canaliser, contenir la nature.

même de succomber à ces forces qu'il ne contrôle pas. Les différents rites servent alors à régler les rapports entre l'un et l'autre. Les rites de consécration permettent de transformer le profane en sacré. Les rites d'expiation purgent la société de ses souillures, lui offrent une cure de rajeunissement et restaurent l'ordre, mais sans toutefois revenir à l'ordre de départ. Expier, rappelons-le, vient du latin *expiare* signifiant faire sortir (de soi), expulser l'élément sacré (*pius*) introduit par la souillure. L'expiation permet par exemple au criminel de réintégrer la communauté profane en se débarrassant du caractère sacré qu'il avait contracté en transgressant la règle. Les rites visent donc au maintien ou à la restauration de l'ordre par une attitude de renoncement et d'humilité. Mais cette attitude de soumission suppose également la possibilité, la volonté de se révolter et de triompher de l'obstacle. Les prohibitions, enfin, ont pour fonction d'assurer le maintien des barrières les séparant, tout mélange étant dangereux et source de désordre. C'est pourquoi nombreux sont les interdits qui, dans les sociétés dites primitives, concernent le mélange, partant du principe que la simple coprésence constitue déjà un mélange. Dans certaines sociétés, par exemple, il est interdit de ranger ensemble les outils des hommes et des femmes. Dans d'autres, comme chez les Eskimos, il est interdit de mélanger ce qui relève d'une saison et d'une autre. Aussi, les peaux de morse, animal d'hiver, ne doivent pas entrer en contact avec celles de renne, animal d'été. L'élaboration et le respect des rites et des coutumes proviendraient donc de la peur de les transgresser, ce qui entraînerait une rupture de l'équilibre entre le profane et le sacré.

    Mais cette présentation des différents rites, même rapide, serait sans objet si nous omettions les rites d'initiation par lesquels l'individu passe d'un état inférieur à un état supérieur, du statut de profane à celui d'initié. Le rite et ses diverses étapes ont alors pour fonction de permettre à l'initié de « mourir » pour « renaître », de « chuter » pour « remonter », les différentes phases du rite initiatique rejouant l'organisation du chaos par la lumière, la régénération de l'ordre et de l'être. C'est donc dans et par l'initiation que l'être se « réalise » et son statut d'initié lui est par la suite inamovible. Enfin, si l'initié doit posséder certaines dispositions, il ne peut pas s'initier lui-même, d'où le caractère éminemment social de l'initiation. Dans une telle perspective, il est donc légitime d'envisager le rite comme relevant du masochisme dès lors qu'il suppose le renoncement, l'humilité, des prohibitions, des privations, de se dépouiller du profane pour accéder au sacré. Mais pourquoi le passage au sacré passe par des privations et non par une accumulation ?

Reik n'hésite pas à parler de rituel concernant le masochisme dans la mesure où les normes rigides et l'ordre qui en règlent la pratique peuvent être comparés à des rituels religieux ou magiques. Un changement, une variation accidentelle dans le rituel diminue sa « valeur de libido », pouvant aller jusqu'à la détruire. Il se développe alors, selon lui, une espèce de tradition, un peu comme une cérémonie religieuse. Tel acte doit avoir lieu à tel moment, telle parole doit être dite à tel autre et ainsi de suite. Rappelons toutefois que cette ritualisation est également la conséquence de l'utilisation de certains accessoires, de certaines pratiques, afin d'éviter tout accident issu de la précipitation. Cette structure, cette rigidité du rituel sadomasochiste expliquent d'ailleurs la rareté des « dérapages ».

Foucault, pour sa part, nous permet d'établir un parallèle entre le rituel sadomasochiste et celui du supplice, tous deux obéissant à une procédure bien définie. En effet, il s'agit de produire une certaine quantité de souffrance selon des règles détaillées, conformément à la volonté de mettre en scène ce qui se veut un tableau « marquant ». De plus, dans l'un comme dans l'autre, les réactions du coupable et du masochiste sont un élément essentiel du cérémonial.

Goffman, quant à lui, reprend la définition durkheimienne du rituel positif consistant, par des offrandes, à affirmer et confirmer la relation sociale unissant l'offrant et le récipiendaire. En ce sens, le sadomasochisme est un rituel positif puisque ceux qui s'y adonnent, en acceptant d'être l'instrument du fantasme de l'autre, se rendent mutuellement hommage, affirmant et confirmant ainsi la nature du lien qui les unit. Et il l'est d'autant plus que le culte positif possède un caractère sacrilège dans la mesure où il confirme la relation entre l'homme et le sacré là où normalement toute intrusion de l'homme dans le sacré est prohibée.

Mais la dimension rituelle du SM provient avant tout, comme nous l'avons évoqué, de son caractère initiatique. Deleuze relève en effet dans l'œuvre de Masoch le thème récurrent voulant que la femme, par la contrainte et la douleur qu'elle lui inflige, fasse du masochiste un homme. Et, se faisant l'écho de la psychologie et de la psychanalyse, il n'envisage pas cette transformation du masochiste comme une reproduction à l'identique du père. Le masochiste devient au contraire un homme nouveau. Dans la perspective qui est la nôtre, cette transformation permet au masochiste d'accéder au statut d'initié et par là même, d'une certaine manière, de participer du sacré. Si nous osions pousser la métaphore encore un peu plus loin, nous dirions que le masochiste, tel le phénix, souhaite mourir pour renaître. Or, le masochisme relevant, nous le verrons, du processus de la victime émissaire, le masochiste renaît effectivement lavé, purifié, plus fort. Ayant participé du sacré, il est clairement devenu un homme nouveau.

## Le masochiste et le sacré

Le SM relève donc du rite de passage dès lors qu'il est compris et vécu comme étant un moyen d'accéder au sacré. Le processus de la victime émissaire par exemple ne concerne pas uniquement les rites visant à instaurer, maintenir ou restaurer l'ordre social. Il s'applique également aux rites de passage. Dans ces derniers, il est fréquent que le ou les futurs initiés soient non seulement séparés de la communauté mais dépossédés de leur statut. De la même manière, le masochiste, par l'humiliation, la violence et la contrainte dont il est l'objet, est dépossédé de son statut d'homme libre, mais ce n'est que pour mieux réintégrer la communauté, ayant fait la preuve de sa capacité, de sa force à endurer tout cela. Il se confronte donc symboliquement et physiquement à la violence, au chaos divin et en ressort victorieux, transformé.

Tel le chaman qui prétend manipuler les forces du sacré, le masochiste se fait l'objet de leur déchaînement et montre qu'en en étant l'instrument il participe de leur puissance, qu'il peut les maîtriser. C'est donc en ayant des pratiques socialement considérées comme impures que sadochistes et masochistes prétendent paradoxalement accéder à la pureté. Mais cette contradiction peut se dépasser si on se souvient, comme nous y invite Caillois, que contrairement aux notions de bien et de mal régissant le profane, celles de pureté et d'impureté, en vigueur dans le monde sacré, sont mobiles et interchangeables. En tant que force et non en tant que chose, ce qui relève du sacré peut être tantôt un bien, tantôt un mal. Et si cette dernière caractéristique fait écho à la facilité avec laquelle s'opèrent les changements de rôle dans le SM, elle explique avant tout comment et pourquoi se charger de souillures et d'impuretés permet au masochiste d'accéder à la pureté. Souvenons-nous, d'ailleurs, que les os d'un cadavre (impurs) deviennent des reliques (pures) ou que le sang menstruel, bien qu'impur, est utilisé comme médicament dans certaines cultures. Même dans nos sociétés modernes et prétendument rationnelles, un médicament tire une part de son efficacité de son mauvais goût de la souffrance que nous impose son ingestion, comme si souffrir participait à la guérison.

La violence, étant conçue comme extérieure à l'homme et devant être bannie de la société, relève du sacré. Elle permet donc aux sadochistes, par la violence qu'ils exercent, d'accéder au sacré. En effet, si le masochiste s'éprouve en tant que bouc émissaire, chargé de la violence et par conséquent sacré, le sadochiste, lui, se perçoit comme étant à la fois l'incarnation et l'instrument de la communauté, de la structure, du sacré. En cela le SM remplit une des fonctions des rites initiatiques qui est de doter – au moins temporairement – celui qui s'y soumet avec succès d'une dimension sacrée, de l'exercice du pouvoir. L'évocation du caractère initiatique de leur sexualité par certains sadomasochistes relève de ce que la relation et la mise en scène SM sont l'occasion pour eux d'exercer un pouvoir sur autrui leur donnant le sentiment d'être, un temps, traversés par le sacré, d'être l'instrument du sacré et par conséquent sacrés eux-mêmes. Ce lien entre sacré et pouvoir n'est pas arbitraire. Caillois constate d'ailleurs cette tendance à diviniser la source du pouvoir. Celle-ci est visible notamment dans la conception du roi comme étant le descendant d'un ou des dieux, quand il n'est pas lui-même considéré comme un dieu. Le masochiste tire sa dimension sacrée de son statut de fondateur, d'initiateur de la relation SM dont il est le démiurge. Le masochisme devient un moyen de « faire comme les dieux », même si ces caractéristiques attribuées aux divinités l'ont été par les hommes. Dans un même ordre d'idée, la transgression des tabous – et le SM n'est-il pas une transgression ? – dote donc celui qui la commet d'une force mystique. Dans certaines cultures par exemple, l'inceste est le garant de la victoire lors d'une guerre ou d'une chasse. On dit même parfois qu'il protège des balles. Partant du principe que le rite religieux a entre autres fonctions de nous permettre d'accéder au sacré en nous séparant du profane puisque tout mélange doit être évité, le masochisme apparaît alors comme un moyen d'accéder au sacré en se débarrassant de sa dimension profane. Cette dernière réside notamment dans la fierté, la face du masochiste pourtant enjoint par la société – profane – à les préserver. Le masochisme est alors, par les contraintes et privations qu'il suppose, un moyen de se transformer pour accéder au sacré. Et à cela s'ajoutent les rites d'entrée et de sortie de la mise en scène SM, considérés ici comme espace-temps hors du temps profane, qui rappellent les rites religieux d'entrée et de sortie du sacré.

De là, nous comprenons mieux pourquoi nombreux sont les rituels, notamment les rituels de passage, supposant qu'une douleur soit infligée à l'initié. Mais, comme dans le SM, la douleur n'est pas tant une fin en soi qu'un moyen de ratifier, par exemple, l'entrée dans l'âge adulte et de la marquer dans le corps. Or, ce marquage du corps est avant tout un marquage social puisqu'il s'agit, entre autres, de marquer la différence entre les âges et les sexes, de bien rappeler à chacun la place qu'il occupe au sein du groupe social, ce qui confirme la dimension sociale, sociologique, du masochisme en tant que processus. Les violences ou contraintes infligées dans le cadre de ces rites prennent des formes variées, qu'il s'agisse de violences physiques et/ou morales, de menaces ou de privations. Pour certains, la violence de ces rites initiatiques a pour but, par la confrontation à la mort qu'ils supposent, d'attester de la force, du courage et de la capacité à survivre du nouveau venu dans la communauté. D'autres considèrent que ces violences, n'ayant finalement rien à voir avec celles auxquelles les novices seront confrontés plus tard, n'ont pour but et pour sens que de leur rappeler le caractère secret et dangereux des mystères qui sont révélés afin de fonder et maintenir le pouvoir des anciens.

## B-Du contrat

Il nous paraît opportun de consacrer une partie de notre travail au caractère contractuel du SM. En effet, qu'il soit tacite, oral ou écrit, le contrat est le prélude nécessaire à toute relation SM, puisque c'est par lui que les partenaires vont se mettre d'accord quant aux modalités de leur relation, de même qu'il constitue un élément important de ce rituel.

## *Une caractéristique SM*

La relation sadomasochiste est extrêmement ambiguë, elle lie des individus dans le cadre d'un mélange de persuasion et d'éducation réciproques. Comme nous l'avons déjà dit, nous ne sommes pas dans le cas d'un bourreau s'emparant d'une victime et tirant sa satisfaction de son absence de consentement. Bien au contraire, non seulement le sadochiste est à la recherche d'une victime consentante, mais la victime elle-même recherche un sadochiste à former, à persuader, pour qu'ils soient l'un et l'autre les instruments parfaits de la réalisation de leurs fantasmes. C'est pourquoi les sadomasochistes élaborent des contrats alors que les sadiques « purs » n'y ont jamais recours. Il est important au passage de ne pas confondre contrat et règle. En effet, le sadique, s'il se passe de contrat, peut avoir besoin de tout un corpus de règles qui vont structurer l'exécution de son fantasme. A titre d'exemple, le règlement intérieur du château de Shilling dans les *120 journées* décrit en détail le déroulement de chacune d'entre elles. Ceci n'est pas sans rappeler la mise en scène sadomasochiste, notamment en ce qui concerne la tenue vestimentaire des enfants ou encore dans la soumission de leurs fonctions naturelles au bon vouloir des maîtres, comme c'est également le cas dans certaines mises en scène sadomasochistes. Toutefois, ce serait oublier qu'à la différence du masochiste, les « pensionnaires » du château de Shilling ne sont pas là de leur plein gré et n'ont aucune possibilité de se soustraire aux mauvais traitements dont ils sont victimes. C'est donc par son caractère contractuel que le masochisme se démarque du sadisme. En effet, le contrat SM établit une loi qui se définit notamment par sa durée limitée et l'accord des contractants. A l'inverse, Sade raisonne en termes d'institutions qui se caractérisent, entre autres, par leur longue durée et le fait qu'elles se passent de l'accord de ceux qui y participent, qu'elles s'imposent à eux. Par conséquent, si le sadique a besoin de règles, il n'a pas besoin d'un contrat. Nous retrouvons d'ailleurs le clivage médiéval qui distingue les perversions par possession (le sadisme) de celles par alliance (le masochisme et le sadomasochisme).

Le contrat SM exprime avant tout le consentement mutuel unissant le soumis et son maître, l'un étant lié à l'autre, non par des fers, mais par sa parole, sa volonté et ses dons de persuasion. Le contrat n'est pas que le signe du consentement du masochiste, il est aussi la preuve qu'il a réussi à persuader son partenaire de devenir son sadochiste. Il est, comme n'importe quel contrat, l'expression de la coopération, de la réciprocité et de l'échange, ce qui suppose par ailleurs une certaine division du travail. Il définit les devoirs réciproques de chacun, les limites dans le temps et l'espace, ainsi que l'intensité des supplices à ne pas dépasser. Le contrat sadomasochiste a par conséquent ceci en commun avec le contrat de travail qu'il instaure une relation de subordination dans un espace et un temps bien précis hors desquels elle n'est plus légitimement de mise. Et comme tout contrat, il peut prêter lieu à des négociations ou faire l'objet d'un accord tacite.

La séance SM se déroule donc en fonction de modalités négociées à l'avance par contrat. Mais l'élaboration d'un contrat est déjà de l'ordre de la mise en scène notamment parce qu'elle exige des partenaires qu'ils se connaissent, c'est-à-dire qu'ils aient déjà franchi l'étape du contrat tacite. Le contrat écrit ritualisé nous apparaît donc comme une étape supplémentaire bien que dispensable de la relation sadomasochiste, un élément permettant d'accroître la tension du rituel et de lier encore davantage les acteurs.

Enfin, le contrat vise à préserver le fantasme des « incursions » de la réalité. Nous retrouvons ici les notions d'imaginaire et d'intemporalité propres au masochisme. Il a ceci de paradoxal qu'il s'agit d'un acte rationnel, conférant pour un temps donné des droits précis au sadochiste sur le masochiste, ayant pour fonction et pour finalité la gestion d'une situation irrationnelle, car relevant du fantasme. Le contrat sadomasochiste est donc le moyen d'instaurer des règles dans ce qui semble échapper aux règles, comme un moyen, encore une fois, d'ordonner le désordre.

## *De la rupture*

Comme tout autre, le contrat sadomasochiste peut être rompu, soit que l'une ou l'autre des parties décide de se séparer de son ou sa partenaire, soit que l'une ou l'autre des parties n'en respecte pas les termes. Ainsi, dans le film *Exhibition 2*, Sylvia Bourdon, star du X dans les années 1970 et maîtresse de plusieurs esclaves masculins, ordonne à l'un d'eux de se déshabiller devant les membres de l'équipe de tournage. Celui-ci s'exécute. Sa maîtresse commence par le faire marcher à quatre pattes, aboyer comme un chien puis le fouette violemment. Par inadvertance, la lanière du fouet atteint l'œil de l'esclave qui se relève et crie : « stop ! ». Elle s'excuse et explique qu'elle ne doit jamais le frapper au visage. Dans le cas présent, une règle a été transgressée, l'esclave volontaire se rebelle et cesse alors de l'être. En effet, l'esclave ne l'est que dans le cadre des conditions définies par le contrat. Hors de ce cadre, il retrouve sa condition d'homme libre et exige le même respect que n'importe quel individu. Un tel cas de rupture des limites rappelle l'importance du dialogue entre partenaires et de la préparation de la mise en scène.

La relation de domination est également contractuelle en ce sens que, malgré les apparences, rien n'est imposé. Les différentes parties en présence ont la possibilité de rompre ou renégocier le contrat à tout moment. Ainsi, une masochiste envoie cette lettre à son dominant : « L'heure est venue de rompre notre contrat. Les termes de l'engagement et les exigences contenues dans ce texte sont dangereux pour ma santé physique et mentale. J'enverrai mon déménageur samedi 22 à midi, avec un ordre de virement bancaire. Dès qu'il aura fini de ranger mes affaires, il vous remettra l'ordre de virement. Je suis désolée d'en arriver là, mais vous devez savoir que j'étais malheureuse. Salutations. Mercedes. »[1] Il est intéressant de remarquer qu'ici la rupture du contrat est elle-même ritualisée. La soumise continue de respecter les règles alors qu'elle a légitimement le droit de partir sans fournir aucune explication.

Le principe du contrat, qu'il soit tacite, oral ou écrit, existe finalement dans tous les cas de relations, sexuelles ou non, sadomasochistes ou non. Il exprime autant le lien créé entre deux individus que ses limites. Il suppose des clauses non formulées mais également qu'on accepte la sanction en cas de rupture. La nature du contrat peut ensuite varier, même s'il y a des impératifs liés notamment au respect des règles de sécurité. Ainsi, si les règles du jeu peuvent changer d'un contrat à l'autre en fonction des fantasmes des partenaires, tous les contrats

---

[1] Propos extraits de *Tops and bottom*, ARTE, novembre 1999.

ont en commun qu'il s'agit d'une règle du jeu. Et « I » nous annonce qu'« effectivement y a un contrat, y a une règle, mais chacun peut renégocier la règle suivant son désir. Y a des trucs qui bougent pas comme le fait de dire : « Stop ! On arrête ! », combien j'ai entendu de mecs dire : « si tu veux arrêter tu dis stop ». Autour de ça c'est vrai que c'est très très fluctuant. Après c'est une question de se mettre d'accord. »

## III-Fonction du rituel SM

Une séance sadomasochiste est donc toujours le produit d'un contrat par lequel les participants se mettent d'accord quant à une trame prenant en compte les pratiques auxquelles ils vont s'adonner, au rôle de chacun et aux divers éléments de décor tels que le lieu, les costumes, certaines paroles et parfois même la musique. Les différents exemples de mise en scène que nous avons pu recueillir, parfois extrêmement ostentatoires, nous ont amené à nous interroger quant à l'origine de ce besoin qu'éprouvent les sadomasochistes de théâtraliser, ritualiser ainsi leurs relations sexuelles. Plusieurs fois au cours de nos entretiens, « I » est revenu sur le fait qu'il n'est pas tant excité par telle ou telle pratique, mais que cela dépend de la personne ou du contexte. Cela nous a permis de comprendre que la mise en scène sadomasochiste a également pour fonction de créer un climat de désir à même d'expliquer la réceptivité à certaines pratiques.

Il s'agira donc pour nous ici de dresser une liste, non exhaustive, des principales fonctions remplies par la mise en scène SM : soit créer un espace-temps alternatif au quotidien, respecter les consignes élémentaires de sécurité, préserver l'intégrité physique et morale de chacun, créer et maintenir la tension, renforcer la cohésion du groupe et, surtout, masquer la réalité de la distribution de l'exercice du pouvoir.

## A-Rompre avec le quotidien

Les décors, les lieux, tous les détails de la mise en scène SM ont ainsi pour fonction de rompre avec le quotidien, de créer un espace et un temps hors du temps, hors du réel, un espace de liberté où tout est possible et où l'existence devient plus intense. Ainsi, même si le fantasme n'est pas censé avoir d'effet sur le monde réel, la mise en scène SM se révèle être malgré tout une tentative de transformer la réalité afin de la faire correspondre au fantasme.

Avant toute chose, nous distinguons trois phases dans le rituel sadomasochiste. Il s'agit tout d'abord de la phase d'entrée ou de préparation qui précède la mise en scène du fantasme. Le choix de sa tenue, par exemple, est particulièrement important puisque cela implique de revêtir une « nouvelle peau ». Ce temps transitoire et préalable est nécessaire aux sadomasochistes afin de pouvoir se conformer au rôle qu'ils vont jouer. Or, si cette mise en condition n'est pas l'apanage du sadomasochisme (en réalité, tout plaisir passe d'abord par le désir qui en est une projection imaginaire), elle représente dans ce cas particulier un élément primordial. Cette première phase est d'autant plus importante qu'elle relève du rapport typiquement sadomasochiste au temps en introduisant un délai supplémentaire entre le désir et sa satisfaction. Toutefois, elle peut s'effectuer d'une manière beaucoup plus diffuse. Nous avons pu observer dans le cas des sexualités de groupe un glissement progressif, involontaire vers une mise en scène *hard*/SM où cette première phase se réduit à un bref échange, voire parfois à un accord tacite pouvant d'ailleurs être lui-même la conséquence d'un accord formel antérieur. Vient ensuite le temps du fantasme à proprement parler. Le rite prend alors la forme souhaitée par les partenaires conformément aux termes du contrat. Ensuite, une troisième phase permet de sortir du fantasme. Comme dans la première phase, nous voyons ici la nécessité pour les adeptes de se ménager un temps transitoire durant lequel ils vont pouvoir quitter leur identité d'esclave ou de maître pour retrouver leur identité d'individu *lambda*.

Les divers éléments de la mise en scène ont donc pour fonction de bien marquer la différence entre la vie courante et la séance SM. Il s'agit de s'assurer, notamment par le rituel de changement de peau, que les adeptes vont bien faire la différence entre SM et vie courante et ne pas développer de « symptômes schizophréniques »[1]. Par ailleurs, cette première phase n'est pas sans rappeler l'acquisition de la pureté, l'entrée dans le sacré afin d'éviter tout mélange de substance qui exige que l'on se sépare progressivement du profane. Ainsi, celui qui prétend au sacré doit renoncer à la parole, au sommeil, à la compagnie d'autrui, au travail, à la nourriture... aux rapports

---

[1] Nous empruntons ces termes à « A », mais les témoignages que nous avons recueillis nuancent toutefois cette dimension schizophrénique et pathologique du changement de rôle dans le SM hétérosexuel. Tout ceci n'est qu'un jeu, le rapport de domination est feint car consenti, tout le monde le sait et l'accepte. Néanmoins, même si c'est un jeu, il faut le faire bien.

sexuels. On exige de lui une réelle transformation. Et Mauss nous rappelle que s'il y a des rites d'entrée dans le sacré, il y a aussi des rites de sortie dont la fonction est de limiter les effets du rite et d'assurer l'impunité des acteurs. Là encore, ceci nous évoque le rituel de sortie de la mise en scène SM, notamment la douche. Dans une telle perspective, la mise en scène SM peut être perçue comme un espace-temps sacré distinct de la vie courante, profane.

Nous pouvons toutefois nous demander si la frontière entre le profane et le sacré est toujours aussi stricte qu'elle le paraît. Pour certains, l'instinct de théâtralité est si fortement enraciné en l'homme qu'il peut déborder du cadre de la représentation théâtrale et se manifester dans la vie quotidienne. La théâtralité de la relation SM peut effectivement « déborder » du cadre strict de la mise en scène et se rejouer dans des situations de la vie quotidienne, sorte de « micro espace-temps SM », de bulles éphémères apparaissant et éclatant presque aussitôt dans le quotidien. Le langage, par exemple, permet cette intrusion de l'univers SM dans le quotidien. La parole joue alors un rôle tout aussi important que le corps ou l'esprit, notamment parce que l'échange de paroles est l'occasion d'une domination symbolique. Poutrain rapporte ainsi divers témoignages de conversations faisant subitement alterner les caractères ordinaires et SM, ce qui, notamment dans un lieu public, a pour conséquence de troubler l'interlocuteur. La parole est alors un moyen d'introduire l'exceptionnel dans le quotidien le plus banal.

Le SM est avant tout un moyen pour les sadomasochistes de jouer un rôle qu'ils ne peuvent pas tenir dans la vie courante et ainsi de trouver un certain équilibre par rapport aux frustrations engendrées par la vie quotidienne. La séance se révèle alors être une soupape de sécurité par laquelle les pulsions trouvent à se réaliser sans que cela ne leur soit préjudiciable socialement. Le caractère ostentatoire de la mise en scène sadomasochiste et l'utilisation, à l'occasion, de vêtements et d'accessoires caractéristiques tranchent donc avec le quotidien mais ne sont pas sans rappeler l'utilisation des masques dans les sociétés traditionnelles. En effet, ceux-ci sont l'objet d'un grand secret, d'autant plus que ceux qui les portent lors des grandes cérémonies sont assimilés aux esprits, aux dieux eux-mêmes. L'ensemble du groupe et les porteurs de masques eux-mêmes sont d'ailleurs convaincus de la possession par les esprits. Nous pensons qu'un processus similaire est à l'œuvre dans la mise en scène SM et que revêtir un masque ou un costume spécifique achève de convaincre celui qui le porte du rôle qu'il doit jouer, l'aide à mieux le jouer et renforce la mise en scène. En effet, si le porteur de masque n'est pas dupe au départ, il finit par réellement se percevoir comme un esprit. Plus proche de nous, le loup demeure le masque de la conspiration et de la fête érotique. Il libère celui qui le porte des contraintes sociales, notamment celles concernant la sexualité. Il est d'ailleurs intéressant de noter que Caillois prête également au port du loup la faculté d'établir cette règle du jeu voulant que tout se passe hors de la vie courante.

L'utilisation des masques dans les fêtes décroît pourtant, au point de disparaître, à mesure que les sociétés se complexifient et que le secret qui les entoure s'étiole. Le port du masque diminue corrélativement au développement de la conception d'un univers stable et ordonné. Dans un univers rationnel, le masque perd de sa faculté de métamorphose. Il change d'apparence et de fonction et n'a plus désormais qu'un rôle utilitaire. Dans nos sociétés policées, l'uniforme tend d'ailleurs à le remplacer, mais selon des modalités contraires puisqu'il laisse le visage découvert. Il fait de celui qui le porte une représentation officielle et permanente de la règle, là où le porteur de masque est l'incarnation d'une force se manifestant ponctuellement. Une telle transformation nous invite à considérer le sens de l'attrait de bon nombre de sadomasochistes pour le port d'uniformes et, plus généralement, pour le cuir. L'utilisation du cuir tend à prouver que le sadomasochisme est intimement lié au degré de hiérarchisation de nos sociétés. En effet, cette matière considérée comme noble, donc chère, a toujours habillé les membres des classes les plus élevées autant qu'elle fut au service de la force et de l'ordre, qu'il s'agisse des policiers, des soldats ou des bourreaux. Le cuir symbolise la tyrannie, le pouvoir sans limites, et plaît autant aux dominateurs qu'à leurs soumis.

Pour Poutrain enfin, les costumes et les accessoires ont pour fonction de fixer chaque participant dans un rôle précis, en fonction d'une codification que seuls les initiés peuvent comprendre. Nous nuancerons ses propos car nous pensons au contraire que les « apparences » font ici référence à un terreau culturel commun et que, par conséquent, elles seront correctement perçues et interprétées par des « non-initiés ». Un homme vêtu en soubrette sera immanquablement et spontanément perçu comme étant le dominé dans la relation, que ce soit par un sadomasochiste ou non. De plus, nous pensons que le rôle qu'on va jouer ne se résume pas au costume, mais plus à un habitus ou une hexis corporelle faisant que, même sans costume, il est possible de déterminer qui domine et qui est dominé.

## B-Une fonction sécurisante

Le SM suppose des pratiques à risque. Aussi, les modalités de sa mise en scène répondent à cette nécessité de préserver l'intégrité non seulement physique mais également, et peut-être même avant tout, morale des uns et des autres. Il s'agit de s'assurer que certaines limites ne seront pas franchies. Le sadomasochisme propose donc un système cohérent permettant de gérer les tensions et la culpabilité issues notamment de la transgression de la norme. La mise en scène a alors une fonction déculpabilisante puisqu'elle permet au masochiste de rejeter la responsabilité de ses désirs et de ses actes sur le sadochiste, instrumentalisé à cette fin, qui l'« oblige » à réaliser ses fantasmes. La culpabilité est un sentiment fréquent. Elle s'ancre dans la volonté et l'assurance que nous avons de « contrôler » notre vie. Par conséquent, soit ce qui nous arrive est la conséquence de nos actes et était évitable, auquel cas nous en sommes responsables, soit, à l'inverse, nous n'y sommes pour rien, ce qui suppose que le monde n'est pas contrôlable, ni sécurisant car le pire, quoi qu'on fasse, peut de nouveau nous arriver. Une telle conception s'inscrit dans une croyance commune, héritée et véhiculée notamment par la tradition judéo-chrétienne[1] selon laquelle nous méritons ce qui nous arrive. C'est un moyen de rendre le monde sécurisant, prévisible et, surtout, maîtrisable. Le sentiment de culpabilité redonne donc de l'importance à nos actes en les posant comme une des causes majeures de ce qui nous arrive, renforçant implicitement,

---

[1] A moins que la tradition judéo-chrétienne soit une déclinaison ou une conséquence de ce fonctionnement psychique.

autant qu'elle en est le produit, l'idée que nous pouvons maîtriser le monde, ce qui nous le rend, en définitive, moins angoissant et plus tolérable.

La mise en scène doit également permettre au sadochiste de gérer ses propres tensions. Pour cela, elle le place dans une hiérarchie déresponsabilisante qui va lui permettre de se décharger de sa propre culpabilité. « Ils veulent être utilisés, déclare Robert Dante. Ils sont à mon service, mais moi, je sers la structure. »[1] En parlant ainsi, il rappelle son désir de s'insérer dans une hiérarchie déresponsabilisante dans le sens où il sert les intérêts d'une cause supérieure, en l'occurrence celle de l'ordre, puisque tout est défini et réglé à l'avance. Il ne peut alors plus lui être reproché de faire souffrir autrui, ni même d'en retirer du plaisir, car tout cela s'inscrit dans un grand dessein, qui, d'une certaine manière, le dépasse puisqu'il est issu en partie de sa volonté propre, certes, mais avant tout de celle du masochiste. Par conséquent, son propre plaisir ne peut lui être reproché ni par les autres ni par lui-même. Celui-ci n'apparaît d'ailleurs plus ici comme étant une fin en soi mais un des éléments de la structure qu'il sert. A cela, ajoutons qu'un autre moyen permettant au sadochiste de se déculpabiliser consiste également à ne pas montrer qu'il prend du plaisir puisqu'il ne fait qu'accomplir son devoir en servant la structure. Enfin, invoquer cette structure contribue à masquer la réalité de l'instrumentalisation du sadochiste par le masochiste. Il se perçoit alors comme étant au service non pas du masochiste, mais de « quelque chose de plus grand », ce qui lui confère, au moins à ses propres yeux, une part de sacré.

---

[1] Propos extraits de *Tops and bottom*, ARTE, novembre 1999.

Plus généralement, selon Girard, la sexualité est impure parce qu'elle se rapporte à la violence. La sexualité est en effet le théâtre de violences tels le rapt, l'adultère, l'inceste... Elle est l'occasion de moult désordres que la société doit contenir, éviter. La mise en scène SM apparaît dès lors et plus que jamais comme un désordre ordonné liant la sexualité et la violence avec pour finalité le maintien de l'ordre. Dans une telle perspective, le caractère hors de l'espace et du temps de la mise en scène SM peut avoir pour fonction de circonscrire, contenir cette violence (même si elle est feinte) et d'éviter sa propagation. Il s'agit non seulement de rétablir l'ordre dans ce qui pourrait être un déchaînement pulsionnel dangereux pour l'intégrité physique et morale de chacun mais, plus largement, de préserver l'ordre social d'un déchaînement de violence. De fait, une certaine théâtralisation garantit là encore que certaines limites ne seront pas dépassées. Sadochistes et masochistes cherchent donc à contrôler leurs peurs et la/leur violence. Le premier invoque sa soumission à la structure alors que le second tente de jeter un voile sur la réalité de son rôle moteur et central dans l'élaboration de cette structure. Sont-ils alors les maîtres ou les instruments de la violence ?

Lorsqu'il décrit cette aptitude de l'érotisme à créer une sorte de double du monde servant non seulement à en montrer les excès mais également à en extraire la violence, Deleuze nous incite à élargir notre conception du masochiste comme bouc-émissaire à l'ensemble de la relation et de la mise en scène SM. Ainsi, cette dernière devient un espace-temps qui va se charger des souillures du monde profane qu'on va ainsi pouvoir purger. Toutefois, le risque de perdre le contrôle de cette violence demeure. Il s'agit certes d'évacuer la violence mais aussi de rester prudent, afin d'éviter un reflux trop vif. La mise en scène SM et le rituel du changement de peau ont alors pour fonction de créer, restaurer ou renforcer cet équilibre faisant de la séance SM un intermédiaire, un passage entre le profane et le sacré. Et de même que le sacrificateur doit se purifier pour pouvoir rejoindre le monde profane sans risque, le sadomasochiste doit lui aussi se défaire des attributs de son rôle pour se remettre dans la peau du citoyen ordinaire.

Le SM apparaît donc comme un mode de gestion de la peur. Le masochiste met ses peurs en scène de la même manière qu'un adolescent va regarder un film d'horreur. A force de le regarder, la peur suscitée par le film finit par disparaître. Elle a été, d'une certaine manière, apprivoisée. Comme les adolescents, le masochiste, en l'érotisant, en en faisant l'occasion d'une satisfaction sexuelle, joue donc avec la peur – notamment celle de la mort – et cherche à la contrôler. Par le contrôle total qu'il exerce sur l'ensemble de la mise en scène, il récupère, ou du moins pense récupérer, le contrôle de sa vie, ce qui contribue à restaurer sa confiance en lui. Néanmoins, gardons à l'esprit qu'établir, exercer et maintenir ce contrôle exige énormément d'énergie et s'avère potentiellement anxiogène car il est possible de le perdre à tout instant. Or, c'est aussi à cette peur que le masochiste souhaite se confronter et sa répétition se trouve être là encore un moyen de l'apprivoiser, de la rendre supportable. D'une certaine manière, le SM, par sa dimension rituelle, s'avère être un moyen de gérer le stress et l'anxiété, de (re)trouver le sentiment de contrôler sa vie dans la confrontation maîtrisée à la peur et à la mort.

## C-Gé(né)rer la tension

D'une manière générale, la sexualité suppose la peur, qu'il s'agisse de celle typiquement masculine de ne pas être performant ou plus généralement celle de l'autre ou du péché. Dans le sadomasochisme toutefois, elle prend une dimension spécifique notamment parce que de telles pratiques représentent parfois un réel danger quant à l'intégrité physique et morale des uns et des autres. Mais si la peur de la sanction négative peut constituer un frein à la réalisation de leurs fantasmes, la peur de la mort s'avère au contraire être un moteur suffisamment puissant pour les convaincre de « franchir le cap » et s'y confronter, la provoquer et triompher d'elle une fois encore, jusqu'à la prochaine.

La mise en scène a donc pour fonction de maintenir cette peur et le rapport spécifiquement masochiste au temps est un outil efficace afin d'y parvenir. L'attente vise ainsi à créer une tension et à repousser la libération le plus loin possible dans le temps. Elle joue ici le rôle d'élément anxiogène car elle est l'occasion pour le masochiste de revivre son fantasme en imagination avant de le réaliser. Le sadochiste peut par exemple entretenir la tension et l'angoisse chez le soumis en le maintenant dans l'ignorance de ce qui va se passer et jouer ainsi sur la peur de l'inconnu. Il va alors explorer les zones laissées dans l'ombre du scénario élaboré par le masochiste, amplifiant l'état de tension de ce dernier. Certains revendiquent d'ailleurs cette part d'improvisation dans la mise en scène qui leur permet d'y apposer leur marque, leur « patte » et donc de se sentir moins instrumentalisés. De plus, cette part de la mise en scène concédée par le masochiste permet d'accroître l'angoisse liée à l'inconnu, au risque que tout finalement ne se passe pas comme prévu. A l'inverse, une autre méthode consiste à susciter la peur chez le soumis en lui expliquant dans les moindres détails ce qui va se passer.

Cet équilibre de la mise en scène SM est toutefois précaire. Tout s'écroule si un seul détail manque, si la réalité ne correspond pas exactement au fantasme. La ritualisation de la relation SM a donc pour fonction de maintenir cette tension dans laquelle s'enracine le plaisir sadomasochiste. Mais cette tension est fragile et la tentation est parfois grande de se laisser aller à ne pas trop se prendre au sérieux et à rire, brisant ainsi toute la magie du jeu. Un informateur de Welzer-Lang lui explique que « c'est un spectacle. Mais il ne faut pas le faire, je crois qu'il ne faudrait pas éclater de rire ou rigoler, parce que forcément les gens le prendraient très mal ! »[1] C'est pour cela que certains sadochistes se sentent investis de ce rôle consistant à s'assurer que chacun joue correctement le sien, à maintenir la tension. Toutefois, cette nécessité de préserver l'équilibre de la mise en scène n'est pas l'apanage du seul SM. Par exemple, les cérémonies auxquelles participent des gens extérieurs à l'institution totalitaire ont pour fonction de renforcer la cohésion entre les deux groupes (reclus et membres du personnel dans le cas étudié par Goffman) composant l'institution, notamment aux yeux de l'extérieur.

La mise en scène des pratiques sadomasochistes a donc bien pour but de créer un contexte, une ambiance au sein de laquelle et grâce à laquelle les comportements vont

---
[1] WELZER-LANG D., *La gestion polygame du désir : l'échangisme, entre commerce du sexe et utopie*, op. cit.

s'harmoniser de manière à ce que chacun puisse obtenir la satisfaction de son désir par l'interaction et en maintenant cette interaction avec autrui. Cette ritualisation des fantasmes fait en sorte que tous les participants soient « en phase », ce qui laisse penser qu'elle suppose différentes étapes dans l'harmonisation du degré de désir. Dans le cadre du réseau de relations que nous avons observé, « I » est un « cas particulier ». Il a du mal à s'accorder avec le reste du groupe et, par conséquent, du mal à se sentir à l'aise, à sa place, alors que les autres trouvent « naturellement » la leur. « Je peux très bien démarrer une soirée en étant voyeur, nous dit-il, et puis pas être à l'aise et puis au bout d'un moment je vais effectivement trouver quelqu'un, il se passe quelque chose, puis je me fonds dans la soirée, je trouve mes marques, je deviens complètement invisible et puis je m'en fous et puis ça va quoi ». Et lorsqu'il nous dit : « moi ça me mettait pas à l'aise, ça m'aidait pas à démarrer de voir les mecs se balader à poil, je trouvais pas ça excitant, au contraire quoi, j'avais l'impression, je me sentais comme remis en question, comme si il fallait que je montre de quoi j'étais capable », nous pouvons comprendre que la mise en scène sadomasochiste, en ce qu'elle a d'ostentatoire et d'exhibitionniste, a pour fonction, outre de maintenir une certaine tension, d'inciter chaque participant à faire de son mieux pour la maintenir en « montrant ce dont il est capable », c'est-à-dire en jouant le mieux possible son rôle. La ritualité du SM renforce donc la cohérence de la mise en scène car elle offre à chacun l'opportunité de participer à une « grande œuvre » collective – la « structure » évoquée par Robert Dante – par laquelle ils accèdent, d'une certaine manière, au sacré, d'où une motivation supplémentaire à faire de son mieux.

## D-Masquer la réalité de la distribution de l'exercice du pouvoir

Le masochiste met en scène ses peurs. Contrairement aux apparences, rien ne commence sans son accord et tout s'arrête sur son simple ordre. Néanmoins, comment conjuguer cette réalité de l'exercice d'un pouvoir par le soumis et son fantasme d'être l'objet de l'exercice d'un pouvoir ? La mise en scène a alors pour fonction de masquer la réalité de la distribution de l'exercice du pouvoir pour la faire correspondre aux fantasmes de chacun. « A » nous explique que le masochiste « domine dans le sens où c'est lui qui est maître de la situation, qui a le pouvoir de dire stop, mais il n'aime pas le sentir parce que justement, son plaisir c'est d'être dominé [...]. Donc s'il prend conscience que c'est lui qui domine, ça lui casse son trip. Alors qu'il sait au début que c'est lui qui domine, qui a le pouvoir de dire stop, pendant toute la séance il va oublier ça, c'est simplement à un moment précis que ça va lui revenir. » Nous retrouvons cette même idée de voir masquée la réalité de la distribution de l'exercice du pouvoir chez ce masochiste pour qui le principal problème auquel il se heurte est ce qu'il appelle le manque de motivation des femmes. « Une fois de plus, dit-il, c'est moi qui dois dominer la relation. J'en ai marre... »[1] C'est alors une des fonctions de la peur de permettre au masochiste d'oublier provisoirement la réalité du pouvoir qu'il exerce, ce qui va lui

---

[1] CHRISTIN B., MONSCIANI H., HOGAR S., « SM. Y a pas de mal à se faire du bien », *La tribune des swingers*, janvier/février/mars 1999, numéro 3, p. 75.

permettre de vivre pleinement son fantasme de soumission. Cette fonction s'inscrit dans celle, plus large, de l'esthétique et de l'érotisme consistant à transformer une expérience effrayante en une expérience supportable, voire agréable, que nous pouvons contrôler. Mais là encore, pour être efficace, ce processus doit demeurer, au moins partiellement, méconnu dans la mesure où, en masquant aux yeux du masochiste la réalité du pouvoir qu'il exerce, il lui permet de reporter la responsabilité de ce qu'il subit sur les épaules du sadochiste. L'esthétisme du SM a donc pour fonction de maintenir cette ambiguïté, cette ignorance déresponsabilisante pour l'un comme pour l'autre. C'est aussi pourquoi, par exemple, bien que de réels liens affectifs puissent se nouer entre les participants, il convient de ne pas être trop démonstratif. Cette réserve, qui n'est toutefois pas obligatoire, est un autre moyen de maintenir une certaine distance et préserver l'illusion du rapport de domination. Elle contribue elle aussi à la mise en place d'une « ambiance ». De plus, ce contrôle des affects participe de la civilisation des instincts qui est en jeu dans la pratique du sadochiste. Elle est un moyen pour lui de rester maître, avant tout de lui-même.

Dans une même perspective, nous pouvons également lire : « Christine dit apprécier le plus ce que Guy aime le moins. Comme tout masochiste, Guy a des désirs spécifiques, mais au fur et à mesure, il essaie de satisfaire les désirs de sa maîtresse et épouse. »[1] Confronté à ces pratiques, qui en théorie ne sont pas les siennes, Guy déclare pourtant : « quand je vois dans ses yeux qu'elle prend du plaisir, elle devient tellement troublante que je passe au-delà, même si la douleur est telle qu'il n'y pas d'érection

---

[1] COUSIN P. (dir.), SM. *L'encyclopédie du sadomasochisme, op. cit.*, p. 302-303.

possible. »[1] Nous nous trouvons ici dans une situation où apparemment la dominatrice impose certaines pratiques à son soumis qui ne les accepte que par amour. Mais n'oublions pas que rien n'est jamais imposé au masochiste qui, à tout moment, peut légitimement refuser de se soumettre. Le fait de ne pas les aimer ne fait-il pas en réalité partie de la mise en scène ? Une telle revendication n'a-t-elle pas pour but inavoué de susciter un sentiment de culpabilité chez sa partenaire et ainsi accroître son emprise sur elle ? Ce paradoxe apparent nous montre que la relation de domination, telle qu'elle s'offre à nos yeux, est bel et bien une illusion mais une illusion nécessaire, voire volontaire. Milgram remarque en effet que « si son intégration dans le système d'autorité était totale, l'individu ne subirait pas de tension en exécutant les ordres, si cruels soient-ils ; il verrait les actions requises sous le seul angle des définitions imposées et de ce fait, il les jugerait entièrement acceptables. C'est pourquoi tout signe de tension est la preuve manifeste de l'échec de l'autorité à convertir le sujet à un état agentique absolu. »[2] La tension et la peur, à l'origine de l'accroissement du désir et du plaisir du masochiste, sont donc certes la manifestation de l'exercice d'un pouvoir par le sadochiste sur le masochiste, mais elles attestent surtout de la réussite de la mise en scène à simuler une relation dans le cadre de laquelle le masochiste est contraint, alors que tous savent, par consensus, que rien ne lui est imposé. Mais, comme nous le dit « A », celui-ci l'a temporairement « oublié ». Dès lors, qu'est-ce qui anime le masochiste qui ne connaît plus la peur et a atteint ce stade que Milgram appelle l'« état agentique absolu » ? Il semblerait que cela concerne ceux dont le masochisme ne re-

---

[1] *Idem*, p. 302-303.
[2] MILGRAM S., *Soumission à l'autorité*, Calmann-Levy, Paris, (1ère éd. 1974) 1986, p. 193.

lève plus du jeu mais de la pathologie. Dans le cadre du SM que nous étudions, la peur qu'il éprouve est finalement et avant tout la preuve que le masochiste n'a pas craqué.

Nous conclurons sur ce point en soulignant qu'on trouve souvent un décalage entre les fantasmes, les désirs et la réalité, leur réalisation étant « édulcorée ». Une masochiste interrogée par Poutrain déclare en effet avoir des « fantasmes extrêmes », « ne pas avoir de limites », « être capable de tout accepter et de tout subir. »[1] Mais elle constate *in situ* qu'elle a finalement des limites. L'imaginaire et le discours s'avèrent souvent plus violents que les faits. Le langage participe alors à la mise en scène en générant une tension, comme le rapporte cet autre témoin de Poutrain : « Il [le sadochiste] me racontait ce que j'allais subir et je disais oui à tout en sachant que je ne pourrais jamais aller jusque-là. En disant oui, je me faisais peur. »[2]

Rappelons enfin que le rituel est en lui-même vide de sens. Il ne produit pas de sens, il fournit un cadre. Il s'est greffé sur tout le processus de production de sens auquel il donne ses formes. Par conséquent, tout relève du rituel. Et malgré les différentes formes qu'il peut prendre, le rituel obéit à une logique unifiante en tant que moyen permettant aux membres du groupe de s'entendre sur le sens produit.

---

[1] POUTRAIN V., *Sexe et pouvoir. Enquête sur le sadomasochisme*, *op. cit.*, p. 84.
[2] *Idem*, p. 69.

# IV-SM, sacrifice et sacré

*« Ces types* [les masochistes] *sont des boucs émissaires, placés sur terre pour absorber toutes les mauvaises vibrations et payer pour les autres. »*[1]

## A-Du sacré, du sacrifice et de l'ordre social

L'étude des formes et des fonctions de la mise en scène SM nous a donc permis d'en révéler la dimension rituelle. Or, comme nous l'avons évoqué, tout rituel participe du maintien de l'équilibre entre le pur et l'impur, le profane et le sacré. Dans la mesure où leur sexualité est vécue par certains comme une initiation, une philosophie de vie, il nous apparut alors peu à peu qu'elle pouvait par là même être l'occasion, consciemment ou non, pour les sadomasochistes d'accéder à une certaine forme de sacré, notamment, pour le masochiste, en remplissant la fonction de victime émissaire dans le cadre plus général d'un rite sacrificiel.

L'histoire d'Iphigénie, par exemple, raconte comment les Grecs, sur le point de s'embarquer pour attaquer les Troyens, voient leur élan guerrier stoppé par une absence de vent provoquée par Artémis. Dans les versions traditionnelles de cette histoire, Agamemnon sacrifie sa fille, Iphigénie, et les vents soufflent à nouveau[2]. Il faut sa-

---
[1] FOWLER C., *Démons intimes*, Au diable Vauvert, s. l., 2002, p. 195.
[2] Dans la version d'Euripide, Iphigénie est remplacée au dernier moment par une biche. On ne peut ici s'empêcher de penser au sacrifice d'Isaac.

voir que, pour les Grecs anciens, leurs enfants sont considérés comme un prolongement de leur père. Par conséquent, par le sacrifice de sa fille, c'est d'une certaine manière lui-même qu'Agamemnon sacrifie afin de s'attirer les bonnes grâces divines. Déjà donc, la religion possédait certains caractères masochistes dans la mesure où elle incitait les individus à se contraindre et à souffrir afin d'obtenir une quelconque satisfaction. Le sacrifice apparaît alors comme un moyen de contraindre le divin puisque la mort de la victime permet d'entrer en communication avec lui afin d'en obtenir des bénéfices (rites de sacralisation) ou de faire cesser certains contacts non désirés avec le surnaturel (rites de désacralisation). Celui qui veut être sauvé doit « souffrir le pire, être purgé de toute volonté propre et libéré de tout ce qui le lie au monde et aux êtres créés. Il doit commencer par se soumettre de plein gré à une préparation ascétique ; quand il sera capable et digne de les accueillir, Dieu lui infligera d'autres souffrances indicibles. […] C'est seulement quand ce stade est atteint, quand l'âme est complètement mise à nu, que peut s'établir la communication directe avec Dieu. »[1]

Le caractère masochiste du sacrifice réside donc dans le fait que c'est en se dépossédant d'un bien, en s'imposant une contrainte, en différant dans le temps la satisfaction de nos désirs, qu'on va s'approcher des dieux et obtenir leurs faveurs. Ainsi, les Indiens Gros-Ventres se suppliciaient à la veille de leurs expéditions militaires. De même, les Hupas se baignaient dans de l'eau glacée pour s'assurer de la réussite de leurs entreprises. Chaque douleur, chaque contrainte est perçue comme le prix à payer pour se procurer un avantage ou se délivrer d'un mal. La transition entre le profane et le sacré passe donc par le dé-

---

[1] COHN N., *Les fanatiques de l'Apocalypse*, Payot, Paris, 1983, p. 258-259.

pouillement de l'un pour permettre le « remplissage » par l'autre. Mais pourquoi s'emplir de sacré suppose de se contraindre au dépouillement du profane ? Pourquoi cela ne passerait-il pas au contraire par une accumulation ? Peut-être cela participe-t-il de l'intériorisation de la nécessité du renoncement – la condition humaine ne permettant pas la satisfaction immédiate de tous nos désirs – et le rend par conséquent sacré, donc souhaitable ? Quoi qu'il en soit, une telle conception est profondément ancrée dans nos cultures. Les Grecs, déjà, appelaient l'objet maléfique *katharma*[1], mot désignant également la victime d'un sacrifice. D'une manière générale, la maladie est assimilée à une crise qui se termine par la mort ou la guérison. Cette dernière s'obtient par l'expulsion spirituelle ou matérielle de l'impureté, du *katharma* en tant qu'élément extérieur introduisant le désordre dans l'ordre. Il y a là un parallèle évident entre le corps humain et la société en tant que corps social, en ce sens que le sacrifice permet l'expulsion de l'élément qui met la collectivité en péril. La construction d'une victime émissaire et son sacrifice permettant donc la réification de la violence en tant qu'impureté sociale qu'on pourra ainsi physiquement expulser du corps social. La nature de la victime sacrificielle correspond donc bien à ce sens du mot *kathartique* voulant que le remède provoquant l'expulsion du mal soit, sinon de la même nature, d'une nature comparable à celle du mal, et susceptible lui aussi de provoquer le mal. En effet, le sacrifié chargé de violence peut être la source de la violence, peut être contagieux.

Il existe donc un parallèle entre le rite sacrificiel et le masochisme puisqu'ils procèdent tous deux d'une logique similaire – au moins par certains points – et c'est

---

[1] Une variante du mot *pharmakos*.

pourquoi le masochiste se perçoit comme participant du sacré par son statut de victime d'un sacrifice.

Le processus de la victime émissaire, quelque forme qu'il prenne, a pour fonction de permettre aux sociétés d'atteindre ce but universel qui est de vivre hors du sacré et de la violence. Ce sacrifice religieux permet de maintenir le profane éloigné des forces du sacré. Le masochiste, par la relation et la mise en scène dont il est l'auteur et l'acteur principal, se crée « son monde sacré », au sein duquel il tente au contraire de les approcher, de s'en approprier une part.

Par son sacrifice, la victime émissaire se trouve en effet à l'origine de toute structuration. D'elle émerge l'ensemble des règles, rites, interdits permettant aux hommes de s'appréhender comme tels, de se distinguer des animaux. Dans une perspective similaire, nous dirons qu'en se faisant l'ordonnateur de son propre sacrifice, le masochiste se confère à lui-même ce caractère sacré et divin de créateur d'un ordre. L'orgueil et la fierté du masochiste viennent donc de ce qu'en se chargeant de honte et de souillure son sacrifice fait de lui l'instrument de la restauration de l'ordre et de la paix. Il s'octroie ainsi le rôle ambigu et double d'être méprisable mais également de sauveur. Et c'est cette fusion des opposés autant que la fonction dévolue à la victime émissaire qui lui confèrent son caractère sacré. En se faisant l'objet de la honte, du mépris et de la violence, il devient cette figure mythique qui va restaurer l'ordre de la communauté.

C'est en effet la fonction principale de la religion, par le sacrifice, la désignation et le traitement de la victime émissaire, que de maintenir la violence hors de la communauté et ainsi préserver la cohésion du groupe. Le sacrifice met ainsi fin aux conflits opposant les membres d'un même groupe social et, par conséquent, renforce la cohésion du groupe. Si les hommes ont été amenés à faire des sacrifices pour demander la pluie et le beau temps, c'est avant tout parce qu'étant en désaccord ils travaillaient moins bien aux champs, bien que le soleil brillât et que la pluie tombât comme d'habitude. L'aspect rituel, religieux, du sacrifice a alors entre autres fonctions de masquer la fonction de détournement de la violence. S'il était clair pour tous que le sacrifice a pour fonction d'expulser la violence de la collectivité, il perdrait toute efficacité. L'exercice d'un pouvoir quel qu'il soit, rappelons-le, est d'autant plus efficace qu'il est masqué. Or, souvenons-nous qu'une des fonctions du rituel SM est précisément de faire oublier au masochiste la réalité du pouvoir qu'il exerce.

Une des fonctions du sacrifice est donc d'empêcher un cycle de violence, un cycle de vengeance. C'est donc un événement exceptionnel qui doit néanmoins être répété. Comment alors interpréter et comprendre la répétition de la mise en scène SM ? Dans le sacrifice religieux, c'est une victime innocente qui en est la cible, or le masochiste est motivé par un sentiment de culpabilité. Le caractère sacrificiel de la mise en scène est-il alors un moyen pour le masochiste de se débarrasser de sa culpabilité ? Est-ce une telle motivation qui le pousse à réitérer son acte ?

## B-Comment le masochisme mène au sacré

Notons tout d'abord ce paradoxe selon lequel il est criminel de tuer la victime du sacrifice en raison de son caractère sacré, alors que c'est précisément sa mise à mort qui lui confère ce caractère sacré. Cette réversibilité du sacrifice se retrouve dans différentes religions où la figure du sacrifié peut devenir celle du sacrificateur et réciproquement. Dionysos, par exemple, est, selon les mythes, sacrificateur ou sacrifié. Le dieu aztèque Xipe-Totec, dont le nom signifie d'ailleurs « notre seigneur l'écorché », se fait également tour à tour victime et bourreau. Le caractère divin, sacré du masochiste ne lui vient donc pas de son seul statut de bouc émissaire, de victime, mais aussi de son statut d'ordonnateur de son propre sacrifice. Tout se passe comme si être chargé de toute la violence collective et être mis à mort pour cela lui conférait une certaine divinité. Ainsi, la transgression permet certes l'accès au divin mais à condition d'en périr. Le masochiste, en transgressant, sinon les lois, au moins les règles et les conventions, se charge de l'impureté du monde. Mais s'il est méprisé, car porteur de tous les maux, il est également vénéré puisque, par sa mort, il va ramener l'ordre. Le parallèle entre le masochisme et le processus du bouc émissaire s'impose d'autant plus que ce dernier suppose non seulement que l'on mette à mort la victime, mais également qu'on efface toute trace de celle-ci dans la mémoire collective afin d'éviter toute contagion de la violence dont elle est chargée. Or, certains masochistes manifestent explicitement leur volonté de voir annihiler leur identité. La dimension sacrificielle de la mise en scène SM a toutefois ceci de caractéristique que, contrairement au sacrifice « classique » où seul le dieu tire plaisir de la violence dont la victime est l'objet, le masochiste tire, lui aussi, satisfaction de cette souffrance infligée. En tant qu'ordonnateur de son sacrifice, il est en quelque sorte à la fois le dieu et la victime qu'on lui sacrifie et c'est son sacrifice qui lui confère une dimension sacrée, divine. Souvenons-nous en effet que, malgré les apparences, le masochiste a une haute opinion de lui-même. Le masochiste est donc la « clé de voûte » de ce sacrifice, l'interface entre le profane-sacrificateur et le sacré qui peut être assimilé à cette « structure » que déclare servir le sadochiste Robert Dante.

Il est également important de rappeler que la théorie faisant de la victime du sacrifice un objet de substitution est souvent rejetée, parce qu'elle induit une conception du sacrifice autour d'une victime innocente payant à la place du coupable. Or, c'est parce que toute violence envers un membre du groupe suppose des représailles que le sacrifice exige de prendre pour victime celui que personne ne souhaitera venger. Ainsi, les Chuchki ont coutume, pour briser le cycle de la violence, de tuer un des leurs, mais pas le coupable. Il s'agit à la fois d'apaiser la colère et d'éviter la vengeance de ceux que le coupable a lésés. En fait, s'ils ne s'en prennent pas au coupable, c'est précisément pour éviter un semblant de réciprocité qui pourrait susciter la vengeance et entamer un nouveau cycle de violence. Il ne s'agit là pas tant de briser le cercle vicieux de la vengeance et de la violence que de ne pas le commencer. L'acte tient donc du châtiment légal car, en s'imposant une perte violente similaire à celle infligée à l'autre communauté, les Chuchki entendent bien offrir là une réparation. Mais il tient également du sacrifice puisque la victime du second meurtre, chargée de la violence du premier, n'est pas le coupable, de même que la victime d'origine est elle aussi innocente. Le sacrifice détourne ainsi la violence vers un objet dont on n'aura pas à craindre les représailles des proches, d'autant plus qu'elle se trouvera parée de cette aura de sacré que lui confère son rôle de victime émissaire. La violence s'exerce donc sans cette surenchère qui mettrait le groupe en péril. C'est également pourquoi dans certaines tribus cannibales du nord-est du Brésil, les prisonniers sont traités avec respect et jouissent même de certains privilèges, jusqu'au jour où ils sont mis à mort par l'ensemble de la communauté. Mais avant la mise à mort, la future victime est encouragée à commettre quelques infractions qui feront malgré tout d'elle un coupable légitime autour duquel pourra se renforcer la communauté. Toutefois, il est faux de croire que le prisonnier est victime du cynisme de ses bourreaux. Ces derniers sont sincèrement convaincus de la culpabilité de celui qu'ils vont sacrifier.

Lorsqu'il dresse la liste des individus sacrifiables, Girard insiste sur le fait que tous sont des exclus de la communauté, que ce soit « par le bas » (prisonniers de guerre, esclaves, handicapés...) ou « par le haut » (le roi). Le sacrifice de Job a ceci d'intéressant qu'il nous montre que le choix de la victime peut également se porter sur le roi, soit sur celui qui exerce un pouvoir dont les autres sont jaloux. La société se fabrique ici un bouc émissaire en la personne de celui qui exerce un pouvoir source de convoitise et qui se rend coupable, parce qu'on l'y incite, parce qu'on l'y oblige, parce que c'est une des conditions de son accès au trône, des crimes qui vont attirer sur lui la colère de la communauté. On exige en effet du roi qu'il se rende coupable du crime d'un parent proche ou d'un inceste qui va légitimer la haine dont il va être l'objet. Ces crimes qui vont lui être imputés sont même parfois devenus des rites d'intronisation. De nombreux mythes fondateurs s'appuient d'ailleurs sur la transgression de tabous comme l'inceste ou le parricide[1]. Dans cette perspective, le masochiste s'octroie une part de sacré car, innocent à l'origine, il se rend coupable de la transgression par laquelle il se charge des maux dont il entend débarrasser le monde.

---

[1] Le mythe fondateur inca débute par un inceste et un fratricide.

En définitive, de même que le corps humain exige un retour à la stabilité en évacuant tout ce qui peut nuire à sa santé, le corps social doit lui aussi être régulièrement purifié, ce qui passe par l'expulsion de ce qui est perçu comme la raison des troubles. C'est pourquoi, dans certaines religions on expulse un bouc émissaire chargé de tous les péchés. Dans un monde où la communauté peut être mise en péril suite au moindre conflit, le sacrifice a une fonction préventive. Il détourne la violence de son objet avant qu'elle ne s'exerce sur un objet susceptible de provoquer un cercle vicieux de violence, de vengeance. En cela, le sacrifice et le rite jouent un rôle équivalent au système judiciaire. Le sacrifice est une sorte de vaccin social par lequel on introduit dans le corps social un peu de violence afin de le rendre capable d'y résister. Sa répétition correspond alors à des « piqûres de rappel », avec le risque toutefois, comme pour un vaccin, qu'une injection trop puissante ne favorise la contagion qu'elle est censée juguler.

Le sacrifice remplit également une des fonctions de la religion qui est de permettre à la collectivité de s'adorer elle-même sous la forme cristallisée de la divinité qu'on remercie de ce qu'on est. Un dieu est en effet la personnification de la collectivité dans ce qu'elle a de volontaire, dans sa soif de vouloir, d'avancer et de progresser. Aussi, le processus de la victime émissaire trouve son origine dans la conception d'un monde parfait soumis à une justice divine récompensant les bons et punissant les mauvais.

En guise de conclusion, rappelons toutefois que les réflexions d'« A » et « I » sur leur sexualité comme la revendication de sa dimension philosophique et initiatique relèvent du processus de rationalisation tel que le définit Bourdieu ou des schèmes de pensée légitimant leurs pratiques aux yeux des déviants de Becker. En effet, le constat de tel ou tel désir, de telle ou telle pratique, suscite des interrogations ayant pour conséquence l'élaboration de principes perçus comme étant à l'origine de la pratique alors qu'ils en découlent. Puis, une fois ces principes établis, définis, ils génèrent à leur tour d'autres pratiques. De la même manière, Bourdieu définit un corpus rituel comme étant le produit d'une maîtrise pratique, d'où la dimension rituelle du SM.

Les rites ayant pour fonction de réguler les rapports entre le profane et le sacré, et dès lors qu'on constate que, pour certains sadomasochistes, la sexualité revêt une dimension philosophique et initiatique, la ritualité de la mise en scène est la concrétisation de cette conception de la sexualité comme initiation, moyen de se dépasser, de s'élever. Par sa ritualité parfois complexe, voire ostentatoire, la mise en scène SM permet à ses adeptes de manipuler ces forces sacrées ou au moins de se percevoir comme les manipulant.

# CONCLUSION

Que dire au terme de ce travail si ce n'est que le masochisme demeure un objet d'étude complexe et multiple ? Nous pouvons en effet le comprendre à la fois comme une identité, un ensemble de pratiques ou une relation. Toutefois, dans la mesure où, malgré l'existence d'un tronc commun de représentations, chaque réseau de relations élabore sa propre conception de ce qui relève du *hard* et du masochisme, il nous paraît plus pertinent, dès lors qu'il s'agit de l'envisager en tant qu'objet sociologique, de considérer le masochisme avant tout comme un processus par lequel un individu va intérioriser la contrainte à différer dans le temps la satisfaction de son désir au point que de moyen, de condition du plaisir, la contrainte – qu'elle soit physique ou morale – devient la satisfaction en elle-même. De plus, le masochisme est bien un processus social, sociologique, puisqu'il fait de cette contrainte le nœud de toute une sociabilité et qu'un des éléments clés de celui-ci est sa ratification, sa légitimation par un autrui, qu'il s'agisse du sadochiste ou du masochiste lui-même, notamment dans les cas d'auto-masochisme.

# I-Les fonctions sociales du SM

Bien que sanctionné négativement, le SM remplit plusieurs fonctions sociales. Il est tout d'abord une réponse à nos sociétés confortables qui ont tendance à nous priver de sensations « vraies ». Il est l'occasion de vivre des expériences plus intenses que celles que nous expérimentons au quotidien mais aussi d'évacuer le stress de la vie courante. De plus, en réintroduisant une part de risque, il s'oppose à la fatalité car l'action de l'individu a désormais des conséquences, ce qui rend possible la maîtrise du monde, au moins aux yeux de celui qui va prendre ces risques. Finalement, tout n'est pas écrit, rien n'est joué d'avance.

Le masochisme n'est pas non plus sans rappeler la notion de crime telle que l'a développée Durkheim – ce qui renforce d'autant plus sa légitimité en tant qu'objet sociologique. Le crime, dans cette optique, est non seulement un phénomène social mais un facteur de la santé publique puisqu'il contribue à l'évolution de la morale et du droit en assurant le maintien nécessaire d'une certaine diversité au sein d'une société afin d'éviter qu'elle ne se sclérose. Le masochisme participe donc de la diversité sociale tout en renforçant ou restaurant le sentiment d'individualité là où le maintien de la cohésion du groupe passe au contraire par une certaine homogénéisation.

Une autre de ses fonctions sociales consiste à donner du sens à certaines expériences inhérentes à la condition humaine comme, par exemple, la souffrance et la mort. Le sadomasochisme est une sorte de reconnaissance de la mort et un moyen de l'affronter rituellement. Prenons par exemple le cas de l'orgie telle qu'elle est définie par Maffesolli, soit un facteur de solidarité, une manière de vivre collectivement le temps, la vie, la mort, la tension et la détente. Nous pouvons considérer que le sadomasochisme possède des caractères orgiaques, notamment quand nous nous intéressons aux liens unissant l'orgie et le pouvoir. L'orgie est en effet un moyen d'aller à l'encontre des modèles issus de l'injonction d'être ceci ou cela au fondement de la domination. Elle contribue à rétablir l'équilibre compromis par la suprématie d'une valeur particulière. Elle permet à la trame sociale relâchée de se retendre tout en évitant une explosion de violence. Le sadomasochisme apparaît alors comme le « démon de midi » d'une société qui voit sa fin proche et qui entend profiter des plaisirs et des joies encore à sa portée, au même titre que les débordements sexuels qui avaient lieu, au Moyen Age, dans les villes assiégées ou victimes d'une épidémie.

Sa dimension théâtrale atteste également de la fonction créatrice de lien social du masochisme. Evreinov, un dramaturge russe, affirme l'existence d'un instinct de théâtralité, d'un besoin universel de jouer à être un autre. Ce besoin, selon lui, est aussi puissant que la faim ou l'instinct sexuel et serait même un des fondements des religions dans la mesure où l'homme éprouve le besoin de théâtraliser et de ritualiser les questions existentielles qui le préoccupent. Dans cette perspective, la mise en scène SM est une des applications possibles de ce besoin à la sexualité. Cette question nous paraît d'autant plus importante que le SM est concrètement une mise en scène, un « petit théâtre », et que cette dimension le relie à la notion sociologique de script, qui se distingue de celle de scénario en cela qu'elle implique le moindre détail de la mise en scène afin de, comme au cinéma, pouvoir rejouer, plus tard, la scène dans des conditions identiques.

Mais pour en revenir à l'activité théâtrale, Thoret la considère comme le produit de deux mouvements complémentaires agissant simultanément : la métamorphose et le jeu représentatif. La métamorphose est le processus par lequel l'acteur devient le personnage, s'oublie dans le personnage. Cette étape est présente dans la mise en scène SM. Il s'agit, rappelons-le, du rituel du changement de peau. Le masochiste n'existe en tant que tel que dans l'espace-temps de la mise en scène à l'intérieur duquel son masochisme prend tout son sens et sa valeur.

La mise en scène SM et le modèle théâtral ont donc en commun de se dérouler dans un espace-temps défini et le spectacle qu'ils offrent est perçu en fonction de certaines conventions par le spectateur qui est à la fois séduit et protégé par cette illusion. La mise en scène SM relève donc bien de la représentation théâtrale puisque, comme cette dernière, elle nécessite un lieu spécifique et reconnu comme tel, ainsi qu'un temps lui aussi prévu et fixé pour encadrer le moment de la représentation. Et c'est cet espace-temps défini et reconnu comme tel qui permet la rencontre entre l'acteur et le spectateur, le second étant le témoin attestant de la réalité et de la qualité de la métamorphose de l'acteur en fonction de critères communs.

La relation acteur/spectateur est en effet très importante dans le théâtre car le spectateur-témoin participe de la théâtralité. Sans lui, il n'y a pas de représentation. La théâtralité est donc le texte, la performance scénique *et* le spectateur auquel ils sont destinés puisque la représentation doit produire un effet sur le public. Cette dimension du rapport acteur/spectateur dans le théâtre nous permet de mieux comprendre l'importance du lien social et de la relation à l'autre dans le sadomasochisme à travers la personne du témoin. Ce dernier participe à la mise en scène en tant que voyeur ou scopophile, mais atteste également de la qualité du jeu – comme ce fut notre cas dans certaines de nos observations. Notons au passage que le spectateur peut être un autre sadomasochiste qui sanctionnera positivement la mise en scène ou, au contraire, un « non-SM » qui, troublé par ce qu'il voit, attestera à sa manière de la réussite du masochiste dans son entreprise visant à bousculer les tabous, transgresser la norme. Et plus simplement, la nécessité d'un témoin, d'un spectateur, affirme à nouveau la dimension sociale, sociologique du SM

## II-Le masochisme comme nouveau mode d'accès au sacré

La rigueur de la mise en scène SM, son caractère parfois ostentatoire, voire directement emprunté au *décorum* religieux, nous ont permis d'en saisir la dimension, la fonction rituelle. Ainsi nous est-il apparu que la principale fonction sociologique remplie par le SM relève de l'articulation entre le profane et le sacré. Potentiellement, tout peut devenir sacré et réciproquement : un espace, une durée, un être, un objet. Or, cette réciprocité par laquelle il devient possible d'introduire du sacré dans le profane lui confère une réelle dangerosité qui en fait l'objet d'interdits afin d'éviter tout mélange. Pourtant, c'est le sacré que le profane invoque lorsqu'il souhaite voir exaucer ses souhaits. Et c'est ce double caractère dangereux-bénéfique qui le rend littéralement fascinant.

Le lien entre la sexualité et le sacré s'enracine dans la différence entre les sexes servant de base et/ou de modèle à la distinction entre la nature et la société. De plus, la reproduction étant la conséquence de la sexualité, il n'est guère étonnant que les rites de fécondité y soient liés. Peu à peu, la pureté se construit dans et par l'association à l'idée de netteté physique et/ou morale, notamment la chasteté. Il peut sembler paradoxal que sa sexualité, dans et par laquelle il se charge de souillure et d'impureté, permette au masochiste, du moins à ses yeux, d'accéder à la pureté. Mais il convient de garder en mémoire que dans certaines cultures, comme chez les Thongas, l'acte sexuel fait office de rite purificateur suite à un décès, comme si on répondait à la mort par la vie.

Notons également que dans sa « distribution sociale du pur et de l'impur », Caillois évoque une zone neutre où « toute énergie apparaît tour à tour pure et impure, susceptible d'être orientée dans un sens ou dans l'autre, sans qu'il soit possible de lui attribuer en permanence une qualification univoque. »[1] La mise en scène SM, en tant qu'espace-temps hors du temps et en raison de la souplesse de la distribution des rôles qu'elle suppose autant qu'elle permet, peut être considérée comme une zone neutre. Ce caractère hors du temps a alors pour fonction de rompre avec l'écoulement du temps profane afin de parvenir au sacré.

Peut-être aussi que cette dimension hors de l'espace-temps caractéristique du SM s'inscrit dans cette conception spatiale voulant que le pur occupe le centre et l'impur la périphérie ? Souvenons-nous d'ailleurs que les villes médiévales étaient construites autour de l'église. Ainsi, la mise en scène SM serait cet espace-temps périphérique, donc éloigné du pur, du bien, de « la vie honorable », comme c'était le cas des quartiers dits « louches » qui étaient rejetés à la périphérie de nos villes.

Le rapport qu'entretient le masochisme avec le sacré est encore plus évident dès lors qu'on le compare au sacrifice, au processus de la victime émissaire tel qu'il est décrit par Girard. Dans nos sociétés qui ont besoin de cou-

---

[1] CAILLOIS R., *L'homme et le sacré*, Folio/Essais, Gallimard, Paris, 1989 (1ère éd. 1939), p. 65.

pables pour régler les différents, ce processus permet de trouver une victime cristallisant tous les problèmes de la communauté et dont la mort va ramener la tranquillité et renforcer l'unité du groupe. A cette fin, la future victime est promenée dans toute la cité pour drainer toutes les impuretés, les attirer à elle pour être ensuite collectivement mise à mort. Toutes les dissensions entre les membres de la communauté disparaissent puisque tous sont unis contre la victime sacrifiée. Le sacrifice du bouc émissaire est ainsi l'occasion de réaffirmer et renforcer la cohésion du groupe. Par son caractère mimétique et l'unanimité qu'il exige, il permet à chaque membre de la communauté de participer à une activité sociale reconnue et d'intégrer la communauté.

Malgré tout, il demeure plus facile de réveiller le désir de violence que de l'apaiser. C'est pourquoi la société a placé de solides barrières réprimant la violence, au point parfois d'en oublier l'existence. Cette répression pulsionnelle est nécessaire au maintien de la cohésion de tout groupe social puisque si la violence s'exerce excessivement entre les membres du groupe, celui-ci risque tout simplement de disparaître avec la mort du dernier de ses membres. Or, la violence est toujours capable d'un retour en force, d'autant plus dévastateur que, précisément, on en avait oublié l'existence. Et lorsque celle-ci est libérée, on assiste à un déchaînement pulsionnel qu'il est difficile d'endiguer et qui, finalement, se moque de l'objet déclencheur au point d'être prêt à prendre n'importe qui ou quoi comme objet[1]. La religion s'est par la suite réapproprié ce phénomène sous la forme d'une vengeance divine. « Tous les grands systèmes mythologiques, rappelle Girard, et

---

[1] Peut-être est-ce cette substitution de l'objet de la violence qui se joue dans le sacrifice d'animaux ?

non pas seulement les indo-européens, possèdent ces troupes de tueurs ou tueuses surnaturels qui agissent ensemble, unanimement, et qui, ce faisant, produisent du sacré, parfois même divinisent leurs victimes. »[1] On retrouve cette unanimité de la violence dans les Bacchantes, avec le lynchage de Penthée, dans l'Amok polynésien et dans la Bible, avec celui de Job. Et ce caractère collectif, unanime de la violence est un moyen supplémentaire permettant au groupe de se percevoir comme sacré. Les armées célestes décrites dans la Bible sont ainsi bien réelles. Elles sont le fruit de la violence collective sacralisée. Chaque membre de la communauté quel qu'il soit devient un soldat céleste lors de ces transes collectives. Le processus de la victime émissaire montre donc comment la collectivité s'incarne dans la mise à mort violente et collective de la victime qui a pour fonction d'expulser la violence hors du groupe, confirmant au passage l'idée durkheimienne voulant que dans et par la religion, la société s'adore elle-même.

Cette unanimité nécessaire au processus de la victime émissaire est la conséquence du caractère mimétique des populations qui relève lui-même de la nécessité de la société d'uniformiser les individus allant par là même à l'encontre du désir des individus d'être uniques. C'est pourquoi, si le bouc émissaire est glorifié par le groupe en tant qu'individu unique, il le paie de sa vie.

C'est également la raison pour laquelle, dans le processus de la victime émissaire, l'énumération des chefs d'accusation succède à la désignation de la victime. Le caractère collectif et unanime de l'accusation fait disparaître la voix de la victime qui se défend, ne donnant plus au mythe que la seule perspective de la communauté, et nous forçant à adopter son point de vue, soit celui de la culpabi-

---
[1] GIRARD R., *La route antique des hommes pervers*, Grasset, Paris, 1985, p. 39.

lité de la victime. Et pour que le processus réussisse, la victime doit elle-même y participer. En effet, tant qu'elle n'a pas été sacrifiée, la victime appartient à la communauté et doit à ce titre participer à cette unanimité sous la forme de la confession des crimes dont on l'accuse. Cette confession, que sont venus en vain chercher les amis de Job, doit renforcer l'unité de la collectivité d'autant plus qu'en adoptant le langage de ses persécuteurs, elle les déculpabilise puisqu'il devient plus difficile de reconnaître en lui une victime innocente. En ce sens, Job est un bouc émissaire manqué puisque, ne cessant de clamer son innocence, il nous contraint à le percevoir comme un bouc émissaire et non un coupable légitime, de même qu'il rompt l'unité de la communauté en ne participant pas à l'unanimité.

C'est quand elle n'a plus d'espoir de prouver son innocence que la victime se réfugie dans une surenchère auto-accusatrice par laquelle elle s'octroie cette part du sacré qui la place au-dessus du jugement des hommes, la soumettant directement au jugement de Dieu. Il y a dans le masochisme une résurgence de ce processus d'expiation de fautes telles qu'elles supposent une part de sacré chez celui qui s'en rend coupable et dont la (re)connaissance va être pour lui source de satisfaction.

Le sacrifice est donc une explosion de violence, notamment parce qu'elle est collective, mais cette explosion est malgré tout soumise à des règles, puisqu'elle a pour fonction de restaurer l'ordre. C'est en fin de compte une violence pour exclure la violence, un désordre ordonné pour restaurer l'ordre.

N'oublions pas que le sacrifice est également un don fait aux dieux afin de les contraindre à exaucer nos souhaits. Ainsi, le masochiste, en s'offrant en sacrifice, entend par là acquérir une dimension sacrée en participant du sacré, en en étant l'instrument, de même que l'ascète, par ses renoncements, acquiert des facultés surnaturelles.

## III-Le SM comme fête

A l'origine, le monde est perçu comme un cosmos régulier dans sa structure et son déroulement. Chaque chose est à sa place et a lieu en temps voulu. Ceci explique notamment pourquoi toutes les manifestations du sacré concernent le maintien ou la restauration de cet ordre cosmique (interdiction ou expiation). Nous voyons ici un certain aspect réactionnaire d'une telle vision du monde où tout concourt finalement à l'immobilité et à la stabilité. Or, la fête est précisément le temps de l'abandon de la règle et de la contrainte, une parenthèse dans une vie jalonnée d'interdits. Elle se caractérise par la soumission aux instincts et la contagion de ceux-ci, l'abandon de toute rationalité qui pousse par exemple à manger et à boire jusqu'à en être malade, à se battre, voire à s'entretuer. La fête autorise, voire incite aux comportements les plus contraires à la norme. Dans les *Kronia* grecques ou les saturnales romaines par exemple, les esclaves mangent à la table des maîtres et leur donnent des ordres auxquels ces derniers obéissent sans rien dire. La fête est l'occasion pour les différentes classes sociales de se rapprocher et réaffirmer ainsi la prééminence et l'unité de la communauté. Ce renversement se double d'un processus similaire à l'échelle de l'État. Que ce soit à Rome, au terme des *Sacaea* babyloniennes ou de la fête médiévale des fous, on élisait un monarque autorisé à tous les excès pour un temps limité au terme duquel il était condamné à mort pour signifier le retour à l'ordre. Le meurtre clôturant la fête purge la communauté de ses souillures passées et permet d'entrer dans un nouveau cycle.

Sans aller jusqu'à cet extrême, le caractère irrationnel de la fête et le contraste avec la vie courante s'observent dans le gaspillage, durant la fête, d'une quantité de richesses qu'il aura pourtant fallu des mois, voire des années, à acquérir. La fête rompt ainsi avec les exigences du travail et les contraintes inhérentes à la condition humaine. On quitte le temps de la production pour celui de la dépense, voire du gaspillage de ses richesses. Aujourd'hui encore, le dimanche est toujours consacré à Dieu, on doit se réjouir, se reposer, ne pas travailler, ne pas produire. La fête est par conséquent le moment de la circulation et de la distribution des richesses accumulées. En ce sens, elle est le phénomène par lequel la communauté va s'autocélébrer en faisant la démonstration de sa richesse. A ce titre, Mauss nous décrit ces tribus du Nord-Ouest américain (Tlinglit, Haïda, Tsimshian et Kwakiutl) dont la vie d'été dispersée contraste avec la vie en hiver, qui les voit se regrouper en « villes » qui sont le lieu d'une sociabilité intense et d'une agitation perpétuelle et dans lesquelles on dépense sans compter toutes les richesses accumulées pendant l'été et l'automne.

La fête montre également que l'interdit s'est finalement avéré impuissant à maintenir la stabilité de la nature et de la société. La règle ne suffisant pas à restaurer l'ordre, il faut faire appel à la force créatrice des dieux qui ont su organiser le chaos originel. La fête, en tant que temps de l'excès et de la transgression, permet ce retour au chaos originel dont on va user de la force pour purifier et régénérer la société, permettant ainsi, comme nous l'avons dit, par la destruction des richesses, à un nouveau cycle de commencer. La fête, comme le sacrifice, a donc pour fonction de redonner aux individus la force d'affronter un nouveau cycle de vie, un nouveau cycle d'autocontrainte. Cette force se puise en des lieux et en des temps que l'on attribue au divin auprès duquel on va se ressourcer. Ce sont les temples, les églises, les lieux saints, tous les lieux ouverts sur le monde du sacré. Ces cérémonies de ressourcement ont également lieu au moment où les changements de la nature sont les plus visibles. Il s'agit par exemple du début ou de la fin de l'hiver dans les régions de climat arctique tempéré, ou du début ou de la fin de la saison des pluies dans la zone tropicale. L'étude de Mauss sur les Eskimos illustre ce contraste entre l'été où chaque famille vit dans un état d'isolement et l'hiver qui, du fait de la vie en commun, est perçu comme une longue fête religieuse. La fête participe donc à la distinction entre sacré et profane, en raison de quoi elle est souvent perçue comme relevant du sacré.

Caillois remarque toutefois que les fêtes perdent de leur importance à mesure que se développe la division du travail, que naissent la cité et l'État. L'ensemble de la vie sociale tend à une certaine uniformité et on constate la disparition progressive de l'alternance entre des phases de vie réglée et de désordre paroxystique. Le désordre n'est aujourd'hui plus acceptable, on en tolère à la rigueur le simulacre. Ce reflux de la fête se fait aujourd'hui au profit des vacances. Mais elles ne remplissent pas les mêmes fonctions que la fête car, s'il s'agit d'un moment de dépense, d'une interruption de la contrainte des activités de production, on ne retrouve pas cet aspect paroxystique caractéristique de la fête. Nous pensons que ces fonctions de la fête, jadis remplies par la communauté, le sont désormais par des micro-groupes comme, par exemple, les réseaux de relations SM.

En tant que processus régulant le passage du profane au sacré, il apparaît que le masochisme permet de remplir certaines des fonctions sociales attribuées jusqu'alors à la fête.

La fête n'était d'ailleurs à l'origine qu'une préparation au sacrifice qui marquait son paroxysme et sa conclusion. Le SM a alors entre autres fonctions de charger le masochiste de tous les maux, puis de l'en purger en le sacrifiant symboliquement, comme c'était le cas, par exemple, lors de la fête des fous au terme de laquelle le roi temporaire était sacrifié. Au fur et à mesure de son évolution, seuls les éléments formels et festifs de cet ensemble fête/sacrifice nous sont parvenus, comme privés de la dimension sacrificielle des origines.

La fête a pour fonction originelle de rejouer l'acte fondateur et ainsi réaffirmer l'ordre culturel. En cela, elle est un désordre créateur d'ordre et relève par conséquent du sacré. Mais, en tant que temps du sacré, elle se situe également hors du temps profane et est par conséquent l'occasion de la transgression des tabous, des règles en vigueur dans le monde profane. Symboliquement, le caractère hors du temps de la séance SM lui confère une dimension sacrée permettant, légitimant, voire encourageant la transgression des interdits tout en déculpabilisant les sadomasochistes.

Par son rapport au sacré, le masochisme reprend donc à son compte un des buts autrefois dévolus à la fête. Il offre aux membres du groupe social une sorte de soupape de sécurité pulsionnelle. La fête et le SM sont tous deux des espaces-temps au sein desquels le défoulement pulsionnel est permis avant que ne pèse à nouveau l'injonction de se contenir, de se contraindre afin de permettre au groupe de maintenir sa cohésion. De plus, cela participe là encore de la régulation entre le profane et le sacré car le chaos régnant lors de la fête est considéré comme relevant du sacré, du divin que l'on va d'ailleurs tenter de contraindre afin d'obtenir ses faveurs.

Dans la fête, chacun semble avoir, d'une certaine manière, perdu le contrôle de soi, être habité par des forces qui le dépassent et le possèdent, dont il est l'instrument. Ce sont ces caractéristiques qui rapprochent le SM de la fête car le SM est la théâtralisation d'une violence, réglée et feinte certes, mais d'une violence tout de même. Le SM, comme la fête, introduit donc du désordre, mais l'apparente rigidité de certaines mises en scène révèle son caractère créateur d'ordre. Or, cette dernière qualité lui confère cette aura divine qu'il tirait déjà de sa transgression des normes.

La fête rituelle est l'occasion de la transgression des tabous, de la remise en cause de l'ordre social, de l'abolition des différences et de l'explosion de la violence, mais elle permet par là même de réaffirmer et renforcer l'unité de la communauté. Ces différents aspects de la fête sont présents dans le SM, même l'abolition des différences puisque la distribution des rôles n'est pas figée et l'exercice du pouvoir passe de main en main d'une façon plus subtile que les apparences ne nous le donnent à voir et à croire. Mais ce voile n'a-t-il pas pour fonction de parer le processus masochiste du secret garant de son efficacité ? Dans une telle perspective, la mise en scène SM peut être considérée comme un équivalent moderne et finalement moins dangereux des Bacchanales de l'Antiquité.

Le SM n'est en définitive nullement incompatible avec la vie quotidienne car, comme dans la fête, à l'excès et à la transgression des interdits succède le retour à l'ordre qui en est la finalité. De plus, à une époque où les grandes manifestations collectives et paroxystiques du sacré tendent à disparaître, le SM s'inscrit dans la lignée de ces groupes plus restreints dans lesquels il trouve désormais à s'exprimer. Le sadomasochiste investit donc sa sexualité de cette dimension sacrée. Il en fait un rite initiatique, conformément au processus décrit par Caillois pour lequel il suffit, « pour rendre sacré quelque objet, quelque cause ou quelque être de le tenir pour une fin suprême et de lui consacrer sa vie, c'est-à-dire de lui vouer son temps et ses forces, ses intérêts et ses ambitions, de lui sacrifier au besoin son existence. »[1]

## IV-Le SM comme jeu de société

Son rapport au sacré nous permettant de comparer le masochisme et le SM à la fête, il nous paraissait intéressant de montrer en quoi le SM, comme la sexualité classique d'ailleurs, peut également être considéré comme un jeu, un jeu d'adultes, un jeu social, un jeu de société. Pour cela, commençons tout d'abord par rappeler brièvement quels sont les quatre grands types de jeux tels que Caillois les a mis en évidence.

L'agôn, tout d'abord, se caractérise par la rivalité et la recherche de l'égalité des chances au départ. Il suppose la volonté de vaincre, des efforts, de la discipline et le respect de certaines règles qui assurent la supériorité du vainqueur. Le SM relève donc de l'agôn dans la mesure où la séance, dont le bon déroulement exige le respect de règles définies au préalable, est l'occasion pour le masochiste et le sadochiste de se confronter l'un à l'autre.

Dans l'aléa, au contraire, le joueur ne fait preuve d'aucune qualité personnelle et s'en remet entièrement au sort, au hasard. Il s'agit par là, comme dans l'agôn finale-

---

[1] CAILLOIS R., *L'homme et le sacré, op. cit.*, p. 179.

ment, de créer entre les joueurs les conditions d'égalité que la réalité rend impossibles. C'est une manière de créer un autre monde et de « s'évader du réel ». Le SM relève également de l'aléa car la mise en scène crée un monde hors de l'espace-temps conventionnel. De plus, même si les modalités de la mise en scène sont négociées au préalable, les pratiques SM comportent toujours une part de risque, d'incertitude, de hasard.

Les jeux relevant de la *mimicry* consistent à croire et à faire croire qu'on est un autre que soi-même, mais sans toutefois chercher à tromper le spectateur. Certes, celui qui se déguise joue un rôle, mais il ne cherche pas à faire croire qu'il est réellement celui qu'il imite. Une des fonctions de la *mimicry* est entre autres la satire, la caricature comme moyen de rétablir l'équilibre entre les différentes classes sociales et ainsi éviter que le pouvoir ne tourne trop la tête des puissants. C'était la tâche des bouffons au Moyen Age, c'est celle des humoristes aujourd'hui. Nous retrouvons dans le SM cet aspect parodique, même s'il y a toujours la recherche du vertige.

Les jeux de types *ilynx*, enfin, visent le vertige, la transe, tout ce qui rompt, ne serait-ce que pour un instant, avec la stabilité. Cette attirance pour le vertige relève du goût réprimé pour le désordre et la destruction, lui-même lié à l'affirmation de la personnalité dans ce qu'elle peut comporter de plus brutal. Le SM relève de l'*ilynx* par divers aspects, notamment parce qu'il a pour but ce vertige que sont l'extase et l'orgasme. Mais il peut également être l'occasion de cette forme corrompue de l'*ilynx* qu'est le vertige issu de l'exercice du pouvoir.

D'une manière générale, le jeu renvoie à tout un système de règles définissant le permis et le défendu. Or, les règles n'existent que tant qu'on les respecte et les transgresser suppose l'ébauche d'un nouveau système de règles.

Celui qui menace le jeu n'est donc pas tant le tricheur qui, s'il menace la règle, la reconnaît et joue le jeu, mais celui qui refuse de jouer, qui nie le jeu et dénonce l'absurdité et le caractère conventionnel de la règle. Où se situe alors le masochiste ? En transgressant la règle, la norme, il la reconnaît mais en la poussant à son extrême, il en démontre l'absurdité. Cependant, le jeu évoque également une certaine marge de manœuvre, notamment lorsqu'on parle du jeu dans un engrenage, dans les différents éléments d'un mécanisme. Cette liberté contenue dans le système de règles constitue d'ailleurs une condition de son bon fonctionnement puisqu'elle permet le mouvement des diverses pièces du jeu. Le SM, en tant que système réglé, comporte certains espaces de liberté dans lesquels s'exprime l'inventivité des participants, introduisant ainsi la part d'imprévu génératrice de la tension recherchée. Mais nous pouvons également l'envisager comme un espace de liberté dans le cadre d'un système de règles l'englobant, ce qui nous ramène à la fonction originelle du jeu, à savoir non seulement assouvir le besoin de détente et de distraction mais aussi et surtout permettre le fonctionnement de la société. Le SM, par l'imagination qu'il suppose, répond donc au besoin de variété auquel chaque société doit répondre et constitue ce « jeu » qui permet le mouvement des divers rouages animant la société. Il est un ensemble de règles se proposant comme une alternative, limitée dans l'espace et le temps, aux règles et aux lois de la société, permettant ainsi aux individus de se libérer temporairement des tensions que génère la vie en société. Néanmoins, le fait qu'il se pare d'un système de règles en fait une activité sociale et culturelle.

    Le jeu possède également un caractère masochiste puisque le joueur s'expose volontairement au risque, à la panique et à la tension, pour le plaisir. Tout jeu comporte le risque de perdre et c'est ce risque qui le rend attractif et attrayant. En effet, on ne joue pas quand on est sûr de gagner, auquel cas le jeu perd tout son intérêt. On retrouve alors cette marge de manœuvre qu'offre la mise en scène au sadochiste, permettant ainsi de maintenir l'état de tension nécessaire au masochiste, mais également le principe masochiste voulant que la satisfaction de la victoire ne soit permise qu'à condition d'en avoir payé le prix, celui de l'effort et du risque de perdre. Mais le risque de perdre supposant aussi celui de réussir, il est par conséquent et avant tout l'occasion de réaffirmer sa faculté à contrôler son destin, de manifester son emprise, sa maîtrise sur les évènements. C'est une façon de lutter contre la fatalité en se posant comme producteur d'effets sur le monde. La volonté du masochiste de créer un espace-temps hors de la réalité trouve son origine dans l'envie et la joie de demeurer cause qui s'expliquent et se matérialisent notamment dans le pouvoir qu'il détient de dire « stop ».

Si, par le jeu, l'homme se confronte au risque, le jeu conserve néanmoins un aspect sécurisant parce qu'il introduit un système de règles précis et explicite là où la vie ordinaire repose sur un système que l'individu ne connaît pas de manière exhaustive et qu'il ne maîtrise finalement pas. En effet, si le sacré est séparé du profane, c'est avant tout pour protéger ce dernier de la puissance destructrice des énergies sacrées. Or, contrairement au sacré qui déborde le fidèle, le jeu est le produit de l'homme dont il fixe lui-même la nature, les limites et l'enjeu. Il se crée ainsi un espace-temps hors du réel et sécurisant parce qu'il y est maître de son destin. Il décide de la part de risque à laquelle il va se soumettre et se réserve la possibilité de se retirer du jeu quand il le désire.

Mais il convient de garder à l'esprit que le jeu ne se limite pas à la création d'un espace de liberté. Il a, pourrions-nous dire, une fonction cachée. En effet, si, pour Caillois, le jeu n'a pas pour but l'apprentissage d'un travail mais le jeu en lui-même, il permet néanmoins l'acquisition des capacités à surmonter les obstacles. Il ne s'agit pas tant d'apprendre un métier que d'acquérir des muscles puissants et des réflexes rapides, la capacité à fixer son attention, à s'adapter à une situation nouvelle et, en définitive, à se plier à une discipline. En ce sens, le jeu participe à l'intériorisation de la contrainte. Il a pour fonction sociale de faciliter l'intériorisation et le respect de la règle. Ainsi les jeux du stade, mais également le jeu de pelote chez les Aztèques, le tir à l'arc chez les Chinois ou les tournois de l'Europe médiévale, participent à la propagation d'idéaux tel le respect de l'arbitrage, une rivalité réglée et spécialisée (on ne bat pas n'importe qui n'importe comment).

Le masochisme relève donc du jeu de même que le jeu relève du masochisme, puisqu'ils sanctionnent positivement tous deux la maîtrise de soi et l'autocontrainte. Tous deux participent de l'apprentissage de ce processus par lequel fusionnent le moyen et la fin, par lequel l'autocontrainte devient une source de satisfaction.

Le SM est donc un jeu dans la mesure où il est une totale création de l'homme et où il est sa propre finalité. On ne joue que pour jouer. Mais il relève également du sacré quand la mise en scène prend une dimension rituelle permettant aux sadomasochistes de devenir quelqu'un d'autre, d'éprouver un sentiment de transcendance, auquel la tension n'est pas étrangère, lié à la sensation d'être instrumentalisé par le sacré.

# V-En finir avec quelques préjugés, de l'enjeu de la sanction

Dans un tel contexte, quel sens prend alors une sanction du SM et quels sont les préjugés dont il faut nous séparer pour accéder à une meilleure compréhension ? Un des enjeux de notre distinction entre les SM *soft* et pathologique est la recherche d'une certaine neutralité dans la conception du masochisme. En montrant que les origines de ce dernier relèvent entre autres de la structure de la société, nous souhaitons éviter de sombrer dans les jugements de valeur en vogue notamment chez les sexologues du XIX$^e$ siècle – Krafft-Ebing en tête – consistant à faire des sexualités hors norme des pathologies, des « maladies répugnantes », voire des fautes morales. S'interroger quant à la validité de tels clichés ne doit toutefois pas nous détourner de la recherche de leur fondement et de leur fonction.

Rappelons enfin que le sadomasochisme est totalement compatible avec les exigences d'autocontrainte de la vie en société. En effet, la séance SM est un espace-temps qui n'est certes pas l'espace-temps social classique mais n'a pas d'influences négatives sur le déroulement de la vie courante. Pourquoi alors stigmatiser les sadomasochistes s'ils ne développent pas de comportements véritablement antisociaux menaçant le maintien de la cohésion sociale ? La stigmatisation des pratiques sadomasochistes s'inscrit dans une politique d'homogénéisation des besoins et des pratiques dans le domaine sexuel. Il s'agit alors pour le groupe social d'accroître son influence sur les individus en prenant en charge les aspects les plus intimes de leur vie et d'orienter leur énergie sexuelle dans des directions socialement utiles, notamment le travail. Mais considérer le sadomasochisme comme une déviance peut également s'inscrire dans une politique visant à renforcer chez l'individu son sentiment d'individualité, à lui donner l'illusion de l'indépendance par rapport aux normes majoritaires en vigueur, le confortant ainsi dans des pratiques qui n'ont finalement rien d'antisocial ou d'anomique, mais qui, du coup, le détournent de schèmes de pensée pouvant réellement constituer une remise en cause de certains éléments fondamentaux nécessaires au maintien de la cohésion du groupe.

# BIBLIOGRAPHIE

## BIBLIOGRAPHIE SOCIOLOGIQUE

Sociologie générale

BOURDIEU P., *Esquisse d'une théorie de la pratique* précédé de *trois études d'ethnologie kabyle*, Essais, Point, Seuil, paris, 2000 (1$^{ère}$ éd. 1972).
BOURDIEU P., *Raisons pratiques. Sur la théorie de l'action*, Essais, Point, Seuil, Paris, 1994.
BOURDIEU P. avec Loïc J.D. Wacquant, *Réponses*, Seuil, Paris, 1992.
CORCUFF P., *Les nouvelles sociologies*, Sociologie 128, Nathan, Paris, 1995.
GOFFMAN E., *La mise en scène de la vie quotidienne. les relations en public* (1$^{ère}$ éd. 1970), Editions de Minuit, Paris, 1973.
LAHIRE B., *L'homme pluriel, les ressorts de l'action*, Essai et recherche, Nathan, Paris, 1998.
LAHIRE B. (dir.), *Le travail sociologique de Pierre Bourdieu. Dettes et critiques*, Editions La Découverte, Paris, 1999.

LE BRETON D., *Passions du risque*, Métailié, Paris, 1991.
MAFFESOLI M., *L'ombre de Dionysos. Contribution à une sociologie de l'orgie*, Librairie des Méridiens, Paris, 1985.
MAUSS M., « Essai sur le don. Forme et raison de l'échange dans les sociétés archaïques », in *Sociologie et anthropologie* (1$^{ère}$ éd. 1950), Sociologie d'aujourd'hui, P.U.F., Paris, 1980.
MAUSS M., « Esquisse d'une théorie générale sur la magie », in *Sociologie et anthropologie* (1$^{ère}$ éd. 1950), Sociologie d'aujourd'hui, P.U.F., Paris, 1980.
MAUSS M., « Rapports réels et pratiques de la psychologie et de la sociologie », in *Sociologie et anthropologie* (1$^{ère}$ éd. 1950), Sociologie d'aujourd'hui, P.U.F., Paris, 1980.
MEAD H., *L'esprit, le soi et la société*, P.U.F., Paris, 1963.
PARK R., « La ville. Propositions de recherche sur le comportement humain en milieu urbain », *in* GRAFMEYER Y., JOSEPH I., *L'Ecole de Chicago. Naissance de l'écologie urbaine*, Aubier, Paris, 1984.
PARK R., « La communauté urbaine. Un modèle spatial et un ordre moral », *in* GRAFMEYER Y., JOSEPH I., *L'Ecole de Chicago. Naissance de l'écologie urbaine*, Aubier, Paris, 1984.
SCHUTZ A., *Le chercheur et le quotidien*, Méridien Klincksieck, Paris, 1987.
SIMMEL G., « Digressions sur l'étranger », *in* GRAFMEYER Y., JOSEPH I., *L'Ecole de Chicago. Naissance de l'écologie urbaine*, Aubier, Paris, 1984.

SIMMEL G., « Métropoles et mentalité », in GRAFMEYER Y., JOSEPH I., *L'Ecole de Chicago. Naissance de l'écologie urbaine*, Aubier, Paris, 1984.
WALLERSTEIN I., *Le capitalisme historique*, La Découverte, Paris, 1996.

Sociologie de la déviance
BECKER H., *Outsiders. Etudes de sociologie de la déviance* (1$^{ère}$ éd. 1963), Métailié, Paris, 1985.
GOFFMAN E., *Asiles. Etudes sur la condition sociale des malades mentaux*, Le sens commun, Éditions de Minuit, Paris, 1990 (1$^{ère}$ éd. 1961).
GOFFMAN E., *Stigmate*, Paris, Éditions de Minuit, Paris, 1975.
MOSCOVICI S., *Psychologie des minorités actives*, P.U.F., Paris, 1991.
OGIEN A., *Sociologie de la déviance*, Armand Colin, Paris, 1999.
TAJFEL H., « La catégorisation sociale », in MOSCOVICI S.(dir.), *Introduction à la psychologie sociale, tome 1*, Sciences humaines et sociales, Larousse, Paris, 1972.
XIBERRAS M., *Les théories de l'exclusion*, Armand Colin, Paris, 1998.

Sociologie du corps et de la sexualité
BAUDRY P., *Le corps extrême*, L'Harmattan, Paris, 1991.
BAUDRY P., *La pornographie*, Armand Colin, Paris, 1997.
BOZON M., *Sociologie de la sexualité*, Sociologie 128, Nathan université, Paris, 2003.
BOZON M., LERIDON H., « Les constructions sociales de la sexualité », in *Population. Sexualité et sciences so-*

*ciales : les apports d'une enquête*, numéro 5, éditions de l'I.N.E.D., Paris, septembre-octobre 1993.
DESCHAMPS C., *Le miroir bisexuel*, Moderne/Balland, Paris, 2002.
DUER H.P., *Nudité et pudeur. Le mythe du processus de civilisation*, Éditions de la Maison des sciences de l'homme, Paris, 1998.
LE BRETON D., *Anthropologie du corps et modernité*, P.U.F., Paris, 1998.
LE BRETON D., *Anthropologie de la douleur*, Métailié, Paris, 1995.
Mac LEAN W., *Iconographie populaire de l'érotisme*, G.-P. Maisonneuve et Larose, Paris, 1970.
MENDES-LEITE R., *Le sens de l'altérité. Penser les (homo)sexualités*, Sexualité humaine/mémoire du temps, L'Harmattan, Paris, 2000.
MENDES-LEITE R., DE BUSSCHER P.-O., *Back-rooms Microgéographie « sexographique » de deux back-rooms parisiennes*, Question de genre/GKC 37, université 7, Lille, 1997.
MORALI-DANINOS A., *Sociologie des relations sexuelles*, P.U.F., Paris, 1963.
POUTRAIN V., *Sexe et pouvoir. Enquête sur le sadomasochisme*, Nouveaux mondes, Belin, Paris, 2003.
WELZER-LANG D., BARBOSA O., MATHIEU L., *Prostitution :les uns, les unes et les autres*, Métailié, Paris, 1994.
WELZER-LANG D., *La gestion polygame du désir : l'échangisme, entre commerce du sexe et utopie*, Rapport à l'Agence Nationale de Recherche sur le Sida et à la Commission Européenne (DGV), Équipe Simone, Université Toulouse Le Mirail, s.e., 1997.

Sociologie des rapports sociaux de sexe
AUBERT N., ENRIQUEZ E., GAULEJAC V., *Le sexe du pouvoir. Femmes, hommes et pouvoir dans les organisations*, Desclée de Brouwer, Paris, 1986.
BOURDIEU P., *La domination masculine*, Seuil, Paris, 1998.
HERITIER F., *Masculin, féminin. La pensée de la différence*, Odile Jacob, Paris, 1996.

Sociologie des rapports de domination
BOILLEAU J-L., *Conflit et lien social. La rivalité contre la domination*, La Découverte/M.A.U.S.S., Paris, 1995.
LE GOFF J.-P., *Les illusions du management*, La Découverte/Essais, Paris, 1996.
LORENZI-CIOLDI F., *Individus dominants et groupes dominés. Images masculines et féminines*, Presses Universitaires de Grenoble, 1988.

Sociologie des religions
BLOCH M., *La violence du religieux*, Odile Jacob, Paris, 1997.
BRETON S., *La mascarade des sexes. Fétichisme, inversion et travestissements rituels* (1$^{ère}$ éd. 1935), Calmann-Levy, Paris, 1989.

**BIBLIOGRAPHIE NON SOCIOLOGIQUE**

Philosophie
AGACINSKI S., *Politique des sexes*, Seuil, Paris, 1998.
BATAILLE G., *L'érotisme*, Œuvres complètes X, NRF, Gallimard, Paris, 1987.
BATAILLE G., *Les larmes d'Eros*, Œuvres complètes X, NRF, Gallimard, Paris, 1987.

BAUDRILLARD J., *De la séduction*, Galilée, Paris, 1979.
CAILLOIS R., *L'homme et le sacré* ($1^{ère}$ éd. 1939), Folio/essais, Gallimard, Paris, 1989.
CAILLOIS R., *Les jeux et les hommes*, Folio/essais, Gallimard, Paris, 1996.
DELEUZE G., *Présentation de Sacher-Masoch*, Minuit, collection Arguments, Paris, 1967.
DELEUZE G., *Nietzsche* ($1^{ère}$ éd. 1965), P.U.F., Paris, 1999.
DUITS E.-J., *L'autre désir. Du sadomasochisme à l'amour courtois*, L'Attrape-corps, La Musardine, Paris, 2000.
DURAND G., *Les structures anthropologiques de l'imaginaire* ($1^{ère}$ éd. 1921), Dunod, Paris, 1995.
ERIBON D., *Réflexions sur la question gay*, Fayard, Paris, 1999.
FOUCAULT M., « Michel Foucault, une interview : sexe, pouvoir et la politique de l'identité (1984) », *in* FOUCAULT M., *Dits et écrits, tome 4*, Gallimard, Paris, 1994.
FOUCAULT M., « Le sujet et le pouvoir (1982) », *in* FOUCAULT M., *Dits et écrits, tome 4*, Gallimard, Paris, 1994.
FOUCAULT M., *La volonté de savoir* ($1^{ère}$ éd. 1976), Gallimard, Paris, 1994.
FOUCAULT M., *L'usage des plaisirs* ($1^{ère}$ éd. 1984), Gallimard, Paris, 1988.
FOUCAULT M., *Le souci de soi*, Gallimard, Paris, 1984.
FOUCAULT M., « Pouvoir et corps (1975) », *in* FOUCAULT M., *Dits et écrits, tome 2*, Gallimard, Paris, 1994.
FOUCAULT M., *Surveiller et punir. Naissance de la prison* ($1^{ère}$ éd. 1975), Gallimard, Paris, 1990.
GIRARD R., *La violence et le sacré* ($1^{ère}$ éd. 1980), Hachette/Pluriel, Paris, 1998.

GIRARD R., *La route antique des hommes pervers*, Grasset, Paris, 1985.
HOBBES T., *De la nature humaine*, Bibliothèque des textes philosophiques, Librairie philosophique J. Vrin, Paris, 1999 (1$^{\text{ère}}$ éd. 1640).
NIETZSCHE F., *L'Antéchrist* (1$^{\text{ère}}$ éd. 1888), GF Flammarion, Paris, 1996.
NIETZSCHE F., *Par-delà le bien et le mal. La généalogie de la morale*, (1$^{\text{ère}}$ éd. 1886-1887), Gallimard, Paris, 1971.
NIETZSCHE F., *Ainsi parlait Zarathoustra* (1$^{\text{ère}}$ éd. 1883), Aubier, Paris, 1992.
NIETZSCHE F., *Humain, trop humain, I*, in *Œuvres*, Bouquins, Robert Laffont, Paris, 1993 (1$^{\text{ère}}$ éd. 1878-1879).
NIETZSCHE F., *Le crépuscule des idoles* (1$^{\text{ère}}$ éd. 1888), Flammarion, Paris, 1985.
PAZ O., *Un Au-delà érotique : le marquis de Sade*, Gallimard, Paris, 1994.
PLATON, *La République*, GF Flammarion, Paris, 2002.
SHERIDAN A., *Discours, sexualité et pouvoir. Initiation à Michel Foucault*, Mardaga, Bruxelles, 1985.
SLOTERDIJK P., *La domestication de l'être*, Mille et une nuits, Paris, 2000.
SLOTERDIJK P., *Règles pour le parc humain*, Mille et une nuits, Paris, 2000.
SLOTERDIJK P., *Essai d'intoxication volontaire*, Calmann-Levy, Paris, 1999.

Psychologie et psychanalyse
ANZIEU D., *Le moi-peau*, Dunod, Paris, 1995.
FINE, LE BEUF, LE GUEN (dir.), *Bisexualité*, Monographie de la revue française de Psychanalyse, P.U.F., Paris, 1997.

FREUD S., *Névrose, psychose et perversion* (1$^{ère}$ éd. 1894-1924), Bibliothèque de psychanalyse, P.U.F., Paris, 1973.
FREUD S., *Trois essais sur la théorie sexuelle* (1$^{ère}$ éd. 1905), Gallimard, Paris, 1992.
HEINE M., *Recueil de confessions et observations psycho-sexuelles*, La Musardine, Paris, 2000.
KRAFFT-EBING R., *Psychopathia sexualis*, Paris, 1892.
LORENZ K., *L'agression* (1$^{ère}$ éd. 1969), Champs, Flammarion, Paris, 1994.
MARCUSE H., *L'homme unidimensionnel*, Arguments, les éditions de Minuit, Paris, 1968.
MARCUSE H., *Eros et civilisation. Contribution à Freud*, les éditions de Minuit, Paris, 1963.
MILGRAM S., *Soumission à l'autorité* (1$^{ère}$ éd. 1974), Calmann-Levy, Paris, 1986.
REICH W., *La fonction de l'orgasme*, l'Arche éditeur, Paris, 1970.
REICH W., *La psychologie de masse du fascisme*, Petite Bibliothèque Payot, Paris, 1972.
REIK T., *Le masochisme*, Payot, Paris, 1971.
ROSENBERG B., *Masochisme mortifère et masochisme gardien de la vie*, Monographie de la revue française de psychanalyse, P.U.F., Paris, 1995.
RUBIN G., *Le sadomasochisme ordinaire*, Etudes Psychanalytiques, L'Harmattan, Paris, 1999.
SABOURAUD-SEGUIN A., *Revivre après un choc : comment surmonter le traumatisme psychologique*, Ed. Odile Jacob, Paris, 2001.
SHNEIDER M., *Big Mother. Psychopathologie de la vie politique*, Odile Jacob, Paris, 2002.
STOLLER R.J., *La perversion. Forme érotique de la haine*, Science de l'homme, Payot, Paris, 2000.

STOLLER R.-J., *L'imagination érotique telle qu'on l'observe*, Le fil rouge, P.U.F., Paris, 1989 (1ère éd. 1985).

Histoire :
ARIES P., *L'homme devant la mort*, L'univers historique, Seuil, Paris, 1977.
COHN N., *Les fanatiques de l'Apocalypse*, Payot, Paris, 1983.
REY R., *Histoire de la douleur*, La découverte, Paris, 1993.

Sexualité et SM
ASSOUN P.L., *Le fétichisme*, QSJ, P.U.F., Paris, 1994.
CORRAZE J., *L'homosexualité*, QSJ, P.U.F., Paris, 1996.
COUSIN P. (dir.), *SM. L'encyclopédie du sadomasochisme*, La Musardine, Paris, 2000.
LOVE B., *Dictionnaire des fantasmes et des perversions et autres pratiques de l'amour*, Editions Blanche, Paris, 1997.

Essais
BOURGOIN S., *Serial killers. Enquête sur les tueurs en série*, Grasset, Paris, 2000.
COSTES-PEPLINSKI M., *Nature, culture, guerre et prostitution. Le sacrifice institutionnalisé du corps*, L'Harmattan, Paris, 2001.
LE BRUN A., *Soudain un bloc d'abîme, Sade*, Gallimard, collection Folio essais, Paris, 1993.
MIYAMOTO M., *Japon, société camisole de force*, Picquier poche, Arles, 2001.
STREFF J., *Le masochisme au cinéma*, Henri Veyrier, s.l., 1990.

Biologie
VINCENT J.-D., *Biologie des passions*, Editions Odile Jacob, Paris, 1999.

**ROMANS**

ACKER K., *Sang et stupre au lycée*, désordres/Laurence Viallet, éd. du Rocher, 2005 (1ère éd. 1978).
DE BERG J., *Cérémonies de femmes*, Grasset, Paris, 1986.
DUGAS F., *Dolorosa soror*, Editions Blanche, Paris, 1996.
DURIES V., *Le lien*, J'ai lu, Paris, 1993.
FOUCAULT A., *Françoise maîtresse*, La Musardine, Paris, 2000.
FOWLER C., *Démons intimes*, Au diable Vauvert, s.l., 2002.
FROBENIUS N., *Le valet de Sade*, Actes Sud, Paris, 1998.
HERMANN K., RIECK H., *Moi, Christiane F., 13 ans, droguée, prostituée…*, Mercure de France, Paris, 1981.
HESPEY J., *S.M.*, Editions Blanche, Paris, 2000.
L. Marie, *Confessée*, Climats, Castelnau Le Lez, 1996.
MATSUURA R., *Natural woman*, Picquier Poche, Arles, 2000.
MONTORGUEIL B., *Dressage*, Le pré aux clercs, s.l., 2000.
MURAKAMI R., *Miso soup*, Picquier Poche, Arles, 2003.
MURAKAMI R., *Ecstasy*, Picquier, Arles, 2003.
MURAKAMI R., *Melancholia*, Picquier, Arles, 2003.
MURAKAMI R., *Thanatos*, Picquier, Arles, 2005.
NUMA S., *Yapou, bétail humain. Tome 1*, désordres/Laurence Viallet, éd. du Rocher, 2005 (1ère éd. 1956).
PALAHNIUK C., *Fight Club*, Gallimard, Paris, 1999.

REAGE P., *Histoire d'O*, Livre de poche, Paris, 1999.
SACHER-MASOCH L., *L'esthétique de la laideur*, suivi de *Diderot à Petersbourg*, Buchet/Chastel, Paris, 1967.
SACHER-MASOCH L., *La Vénus à la fourrure*, Mille et une nuits, Paris, 1999.
SADE D.A.F., *Les 120 journées de Sodome*, Editions 10/18, Paris, 1975.
SADE D.A.F., *Les crimes de l'amour*, Livre de poche, Paris, 1972.
SADE D.A.F., *La philosophie dans le boudoir*, La Musardine, Paris, 1997.

**TRAVAUX UNIVERSITAIRES**

BARRANGER S., *L'amour du père, origine d'un masochisme*, Mémoire de maîtrise de psychologie clinique, Université de Nantes, 1999.
DEMEUZOIS F., *La question du masochisme chez un toxicomane*, Mémoire de maîtrise de psychologie, septembre 1992.
MAILARD L., *Ethnographie des pratiques d'érotisation de la contrainte : de leur diffusion dans la culture occidentale par les technologies modernes de la communication*, projet de recherche de D.E.A., E.H.E.S.S., 1998.
MAILLARD L., *Annexes au mémoire : Ethnographie des pratiques d'érotisation de la contrainte : de leur diffusion dans la culture occidentale par les technologies modernes de la communication*, juillet 1999.
MAILLARD L., *Contribution anthropologique à l'étude des pratiques d'érotisation de la contrainte. De leur diffusion sur Internet et de leur impact sur les comportements sexuels*, mémoire de D.E.A. des sciences sociales « cultures et comportements sociaux », faculté des sciences humaines et sociales – Sorbonne, département

des sciences sociales, Université René Descartes – Paris V, juin 2001.

## RECUEIL D'ILLUSTRATIONS

MITCHELL T., *Fetish*, La Musardine, Paris, 1999.
UNGERER T., *S.M.*, Le Cherche-Midi éditeur, Paris, 2000.

## ARTICLES

CARNIE, « La mémoire du fétichisme. Entretien avec Alexandre Dupouy », *D magazine*, mars/avril 2000, numéro 3, p. 48-50.
CARNIE, « Body Art ou le corps implanté », *D magazine*, janvier/février 2000, numéro 2, p. 14-15.
CHAUSSINAND-NOGARET G., « Les perversions du marquis de Sade », *Les collection de l'Histoire*, juin 1999, numéro 5, p. 72-75.
CHRISTIN B., MONSCIANI H., HOGAR S., « SM. Y a pas de mal à se faire du bien », *La tribune des swingers*, janvier/février/mars 1999, numéro 3, p. 68-75.
COMBLE J.-F., GEORGES F., PASSERA D., « Le fétichisme », *Elegy*, novembre/décembre 1999, numéro 7, p. 38-43.
« Comment peut-on être sadomaso ? », *Discipline*, octobre 2000, numéro 8, p. 8.
« Confession », *D magazine*, décembre 1997, numéro 8, p. 77-96.
« Confessionnal », *Discipline*, octobre 2000, numéro 8, p. 80-82.
« Cravaches et vieilles dentelles. Maisons closes et soumission », *Discipline*, Eté 2000, numéro 7, p. 58-62.

DANIEL S., REYNAERT F., « Sex in the USA », *Le Nouvel Observateur*, 26 novembre-2 décembre 1998, numéro 1777, p. 10-30.
« Descente de police dans un club SM aux États-Unis », *D magazine*, octobre/novembre 2000, numéro 4, p. 16.
« Europerv 2000 : la tribu », *Discipline*, octobre 2000, numéro 8, p. 62-65.
GEORGES F., « David Nébreda. L'onction du corps », *Elegy*, mai/juin 2000, numéro 10, p. 52-55.
« Georges Pichard : affreux, (sale) et méchant », *Discipline*, janvier 2001, numéro 9, p. 76-81.
GIARD A., « Le SM dans le Japon de l'an 2000 », *D magazine*, octobre/novembre 2000, numéro 4, p. 24-27.
HERVE S., « Romain Slocombe attache-moi ! », *Elegy*, octobre/novembre 2000, numéro 12, p. 56-59.
HOGAR S., « Sadomaso, exorciser nos gros bobos. Les sexualités différentes en question – Quelle nécessité s'abrite sous nos penchants sadiques ou masochistes ? », *La tribune des swingers*, janvier/février/mars 1999, numéro 3, p. 76-77.
JEAMMET P., « Le suicide des jeunes comme affirmation de soi », *Sciences humaines*, décembre 2004/janvier 2005/février 2005, Hors-série numéro 47, p. 30-31.
JOURNET N., « Violences rituelles : l'effet de la douleur », *Sciences humaines*, décembre 2004/janvier-février 2005, Hors-série numéro 47, p. 13.
LALLIER L., POUPENEY A., MICARD J.-F., « Les modifications corporelles », *Elegy*, juillet/août 2000, numéro 11, p. 48-53.
LALLIER L., « L'amour différent », *D-Side*, novembre/décembre 2000, numéro 1, p. 36-39.
« Le bricolage du plaisir. Techniques et imagination en période de crise... », *Dominatur*, juillet 1999, numéro 1, p. 26-27.

« Le confessionnal », *D magazine*, mars/avril 2000, numéro 3, p. 76-77.
« Les nouveaux visages du fétichisme et du sado-masochisme », *Discipline*, janvier 2001, numéro 9, p. 64-69.
LOMMER G., « Sexy mode 99 », *D magazine*, janvier/février 2000, numéro 2, p. 27-29.
MAITRESSE M., « Insultez-nous, s'il vous plaît ! », *Dominatur*, juillet 1999, numéro 1, p. 4-5.
MEDUSE, « Euro-fetish », *D magazine*, mars/avril 2000, numéro 3, p. 32-35.
MONA, « Le consentement », *D magazine*, janvier/février 2000, numéro 2, p. 5-6.
MONSCIANI H., « Maîtresse Alexandra », *La tribune des swingers*, janvier/février/mars 1999, numéro 3, p. 64-67.
PISSIER P., « Bons baisers de Russie », *Discipline*, janvier 2001, numéro 9, p. 40-47.
« Réponses aux questions des lecteurs », *Discipline*, octobre 2000, numéro 8, p. 84.
« SM et média », *Discipline*, été 2000, numéro 7, p. 28-31.
STREFF J., « A la victoire par la défaite », *Discipline*, Eté 2000, numéro 7, p. 42-43.
VIVIANT A., « Jupe brûlée », *Les Inrockuptibles*, 29 juillet-18 août 1998, numéro 160, p. 55-57.
WEINBERG M.S.-WILLIAMS C.J., « Fieldwork among deviants. Social relations with subjects and others » s.e., s.l..
WEINBERG M.S., WILLIAMS C.J., CALHAN C., « "If the shoes fits…": Exploring male homosexual foot fetishism », *Journal of sex research*, 32.1, 1995, p. 17-27.
WEINBERG M.S., WILLIAMS C.J., MOSER C., « The social constituents of sadomasochism », *Social problems*, volume 31, avril 1984, numéro 4, p. 379-389.

WEINBERG T.S., « Sadomasochism in the United States : a review of recent sociological literature », *The journal of sex research*, vol. 23, février 1987, numéro 1, p. 50-69.

**SITES INTERNET**

http://www.editions-desordres.com/auteurs/shozo_numa_masochisme.php
TANAKA M., *Sur Shozo Numa. Réflexions sadiques sur le masochisme*, http://www.editions-desordres.com/auteurs/shozo_numa_masochisme.php

# TABLE DES MATIÈRES

INTRODUCTION..........9
I-Un objet sociologique ?..........9
II-Définir l'objet..........12
  A-Le hard..........13
  B-Le sadomasochisme..........15
MASOCHISME ET DEVIANCE..........25
I-Une trajectoire vers la déviance..........26
  A-Origines psychologiques du SM..........27
  B-Origines socioculturelles de cette distribution des rôles..........31
  C-Une stratégie identitaire..........36
  D-L'entrée dans un réseau..........40
II-Une trajectoire dans la déviance..........45
  A-Des pratiques à risque qui rendent un apprentissage nécessaire..........46
  B-De la surenchère et de la limite..........54
UN RAPPORT SPÉCIFIQUE AU POUVOIR ET A LA DOMINATION..........63
I-De la domination et du pouvoir..........64
  A-Définitions..........64

B-De l'exercice du pouvoir.................................................66
II-Le SM comme rapport de domination ambigu.........68
   A-De l'échange des rôles..............................................69
   B-Le caractère actif du soumis......................................73
   C-L'orgueil du soumis....................................................77
   D-Le sadochiste.............................................................81
   E-D'une relation agonistique à l'instrumentalisation réciproque....................................................................85
III-Le SM et la domination masculine............................90
   A-Une mise en scène de la domination masculine. 90
   B-Le masochisme : de la remise en cause de la domination masculine à celle de la domination en général..............................................................................96

LE SM COMME RAPPORT AU TEMPS, À LA MORT, AU CORPS ET À LA SOUFFRANCE........................103
   I-De l'amour à la mort : le plaisir dans la chute..........104
      A-De l'amour...........................................................104
      B-De la mort...........................................................110
      C-Le temps.............................................................117
      D-Le bondage et la symbolique de la chute..........123
   II-Un rapport spécifique au corps et à la souffrance..130
      A-Le corps..............................................................131
      B-La douleur..........................................................143

LE SM COMME RAPPORT AU SACRÉ......................155
   I-Une philosophie hard...............................................156
      A-Une relation basée sur l'échange et la confiance ..............................................................................156
      B-Une philosophie de vie au quotidien..................161
   II-La dimension rituelle du SM...................................163
      A-Le SM comme rite initiatique.............................163
      B-Du contrat...........................................................170
   III-Fonction du rituel SM............................................175
      A-Rompre avec le quotidien.................................176
      B-Une fonction sécurisante..................................181

C-Gé(né)rer la tension..................................................185
D-Masquer la réalité de la distribution de l'exercice
du pouvoir............................................................188
IV-SM, sacrifice et sacré.......................................192
A-Du sacré, du sacrifice et de l'ordre social..........192
B-Comment le masochisme mène au sacré...........196
CONCLUSION..........................................................203
I-Les fonctions sociales du SM..............................204
II-Le masochisme comme nouveau mode d'accès au sacré.......................................................................207
III-Le SM comme fête............................................212
IV-Le SM comme jeu de société............................217
V-En finir avec quelques préjugés, de l'enjeu de la sanction...................................................................222
BIBLIOGRAPHIE.....................................................225
TABLE DES MATIÈRES..........................................241

599257 - Mars 2015
Achevé d'imprimer par